AF255495

Life Lines

by

Len Biszkont

Buffalo Arts Publishing

Cover artwork by *Len Biszkont*

ISBN 9781950006250

This book is dedicated to my partner in life, Dianne Hull, for her unwavering support, encouragement, and her unique eye.

Acknowledgements

My thanks to Len Kagelmacher for his time, experise and enthusiasm in preparing this volume for publication. Without his knowledge this would not have come to fruition. Thanks also to Don Scheller for his encouragement and continuing interest in my work. And finally, thanks to Don Siuta, Director of Artists Group Gallery, for his ongoing support of the Buffalo arts community.

De Artifex

Len Biszkont natus est in Walsrode, Germania. Praematurae artis et musicae studia in Cithara classica apud Oswald Rantucci in Universitate Civitatis Novi Eboraci apud Buffalo perduxit, ubi adipiscing gradus in observantia musica et magister in Historia Musica meruit. Praeterea opus ad Doctoratum in Musicologia confectum est (A.B.D.).

Circiter triginta annos usus est ut membrum fundationis Guitar Quartet Buffalo, qui Americae, Europam, Americam Meridionalem et Canadam lustravit, plures tabulas edidit. Anno 1979 in Quartet debut suum Novi Eboraci fecit apud Aulam Recital Carnegie. Concentus in Americae et Canada inclusa Novi Eboraci, San Francisco, Chicago, Puerto Rico, Toronto et Quebecensi urbe. In America Meridiana strophas concentus et magisteria concentus comprehenderunt in Venezuela, (Caracas, Maracay et Maracaibo), et in Colombia (Bogota et Cali).

Len discessit ab anno 1998 faciendo ut studium continuam in artibus visualibus persequeretur. Ut artifex sui docuit - praesertim in pingendo et ducendo - ipse membrum exhibens Buffalo Societatis Artium (BSA) et Societas Artium Novi Eboraci Occidentalis.

See the book jacket for a translation.

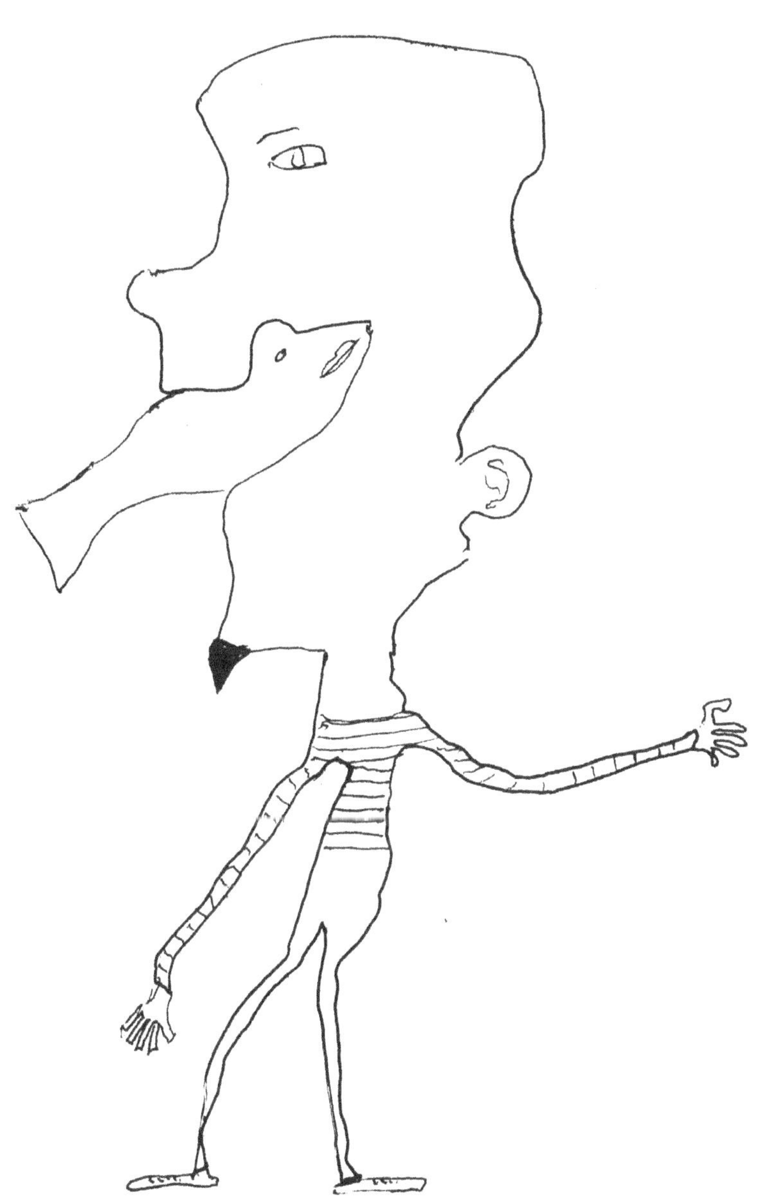

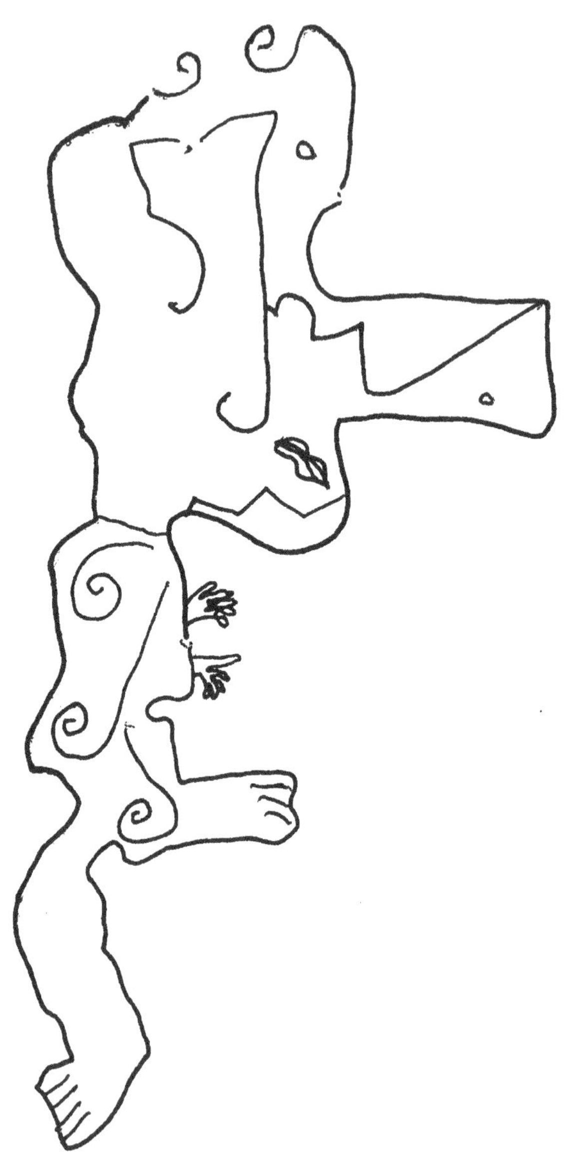

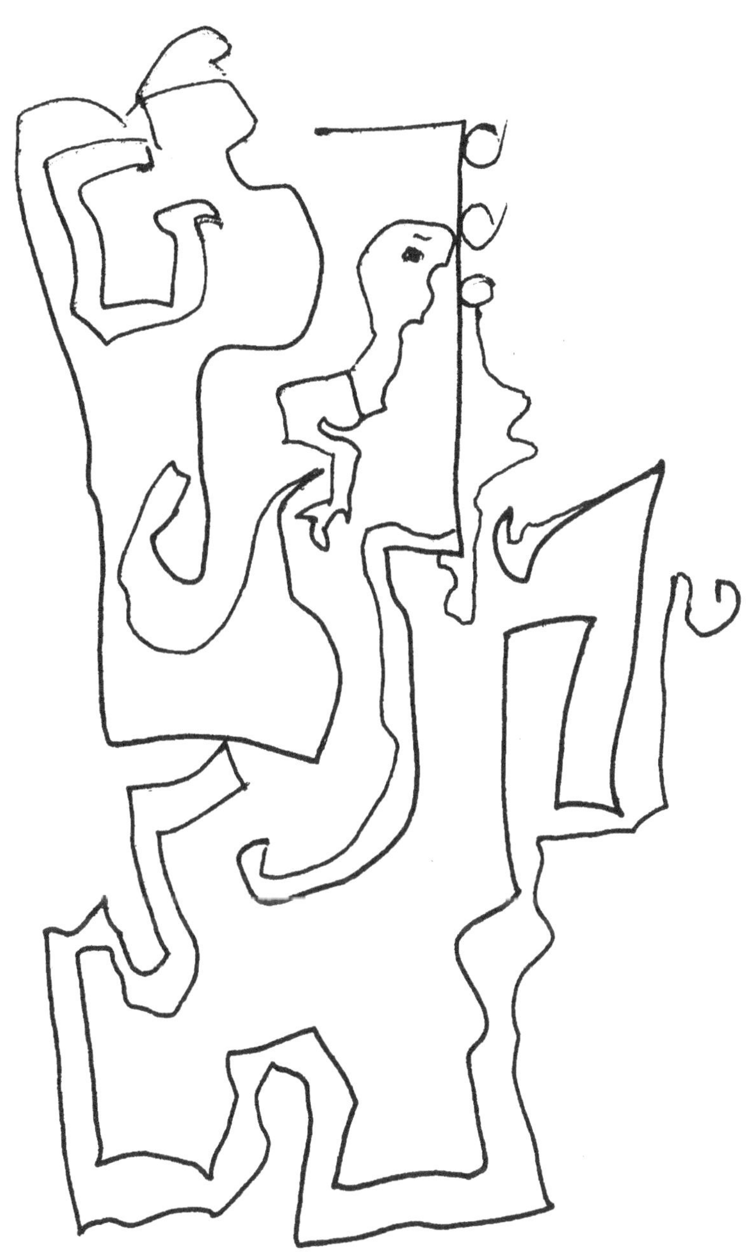

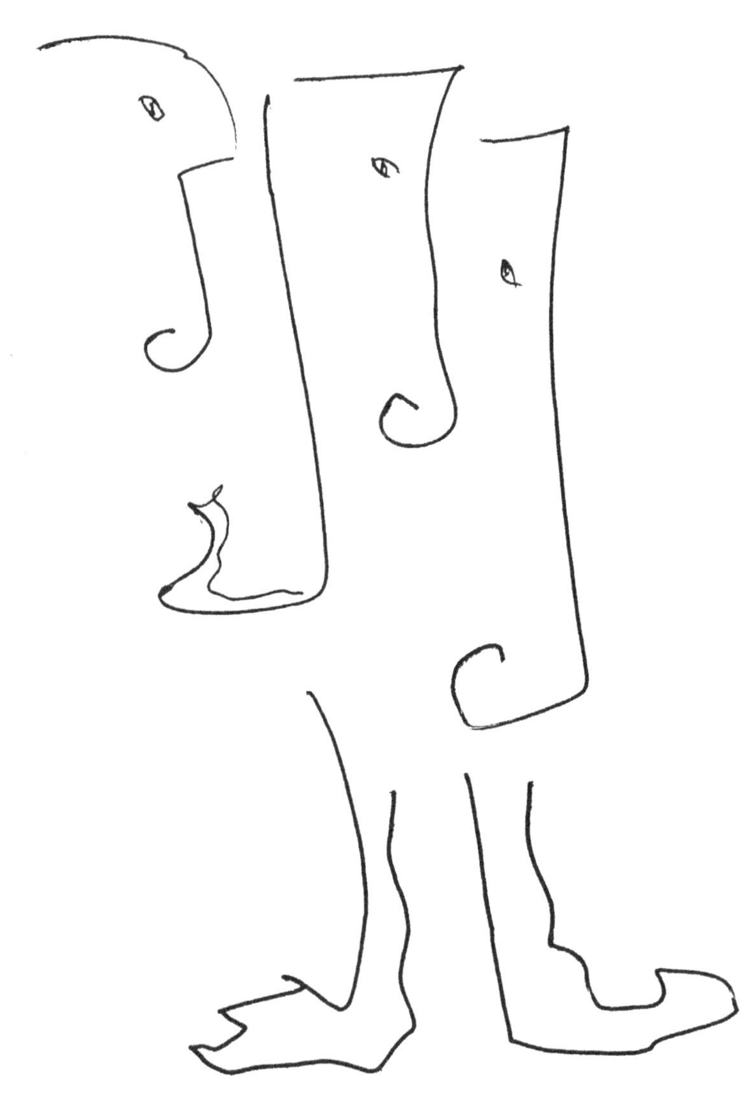

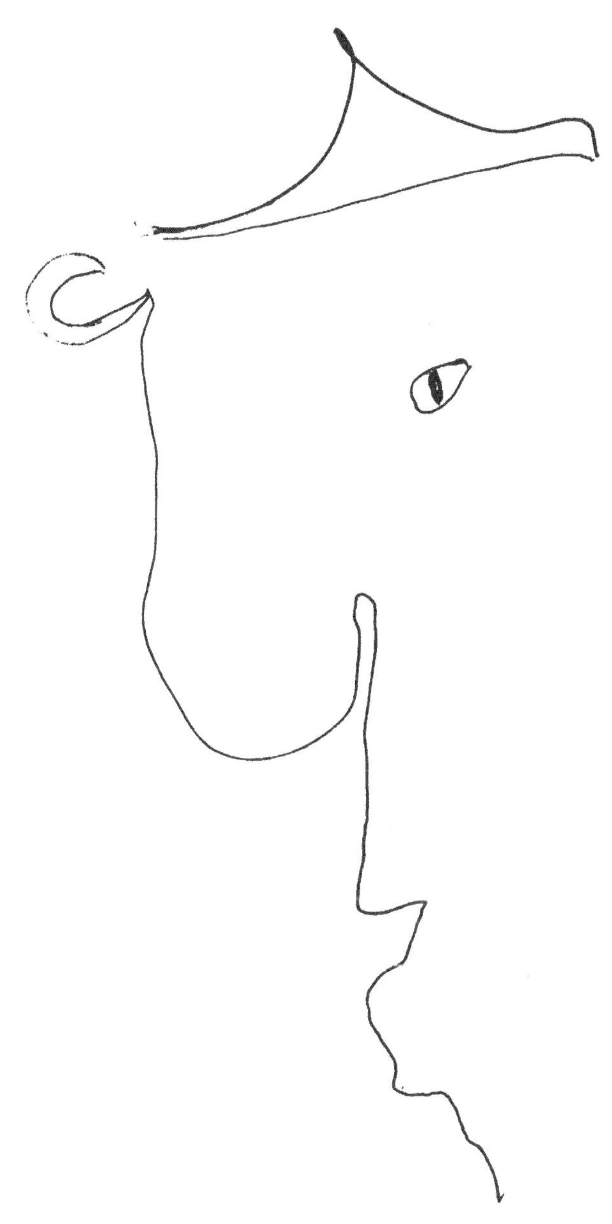

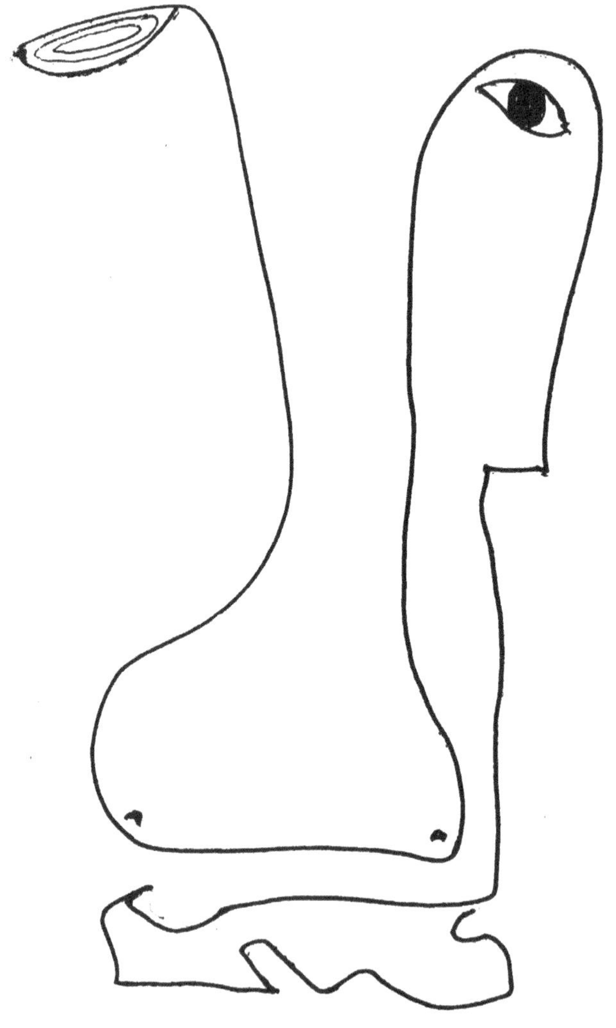

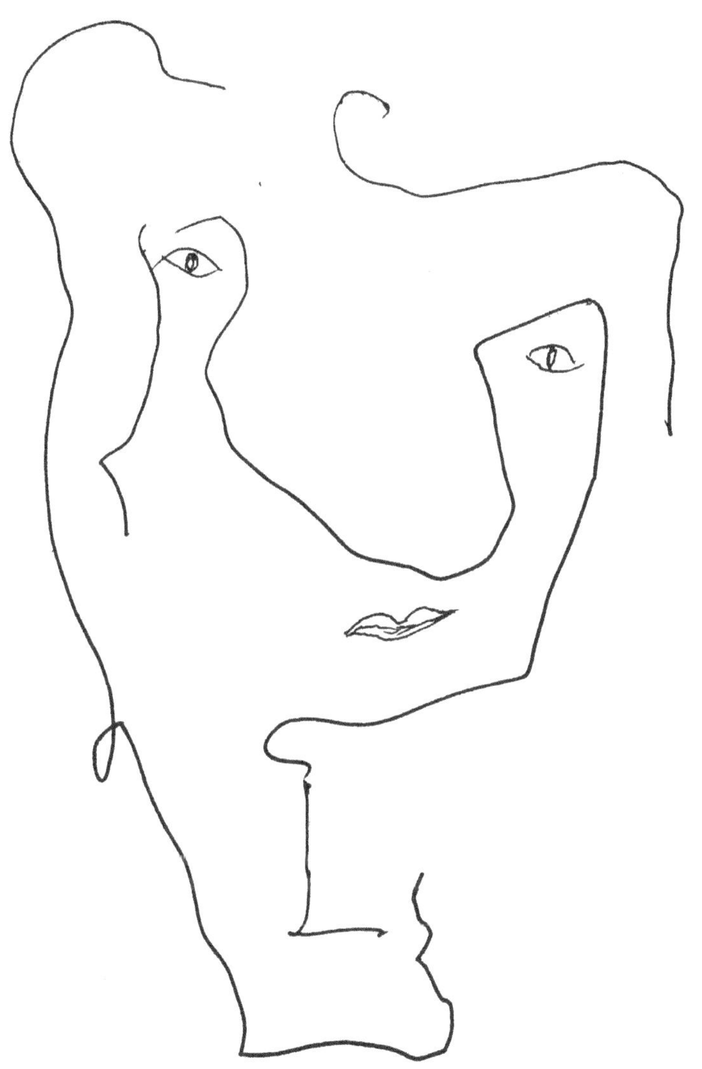

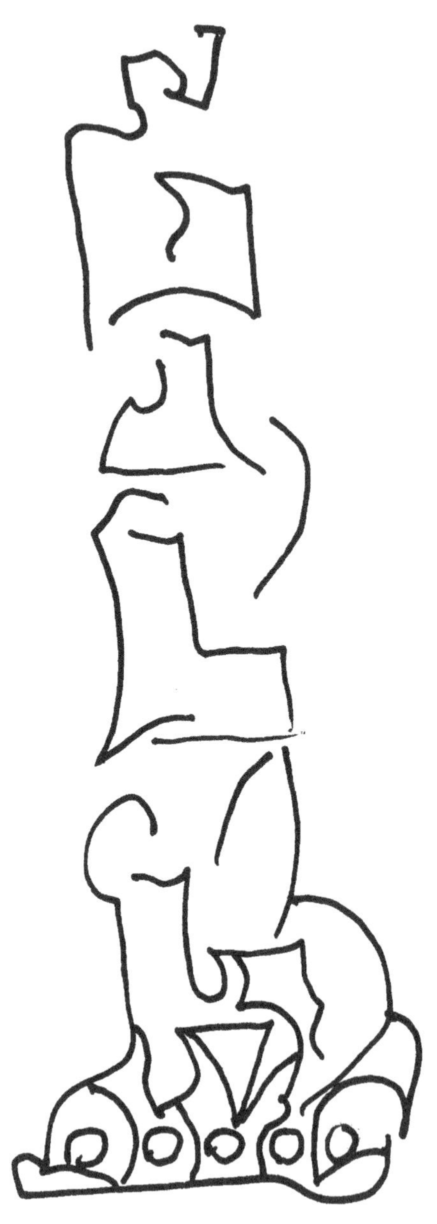

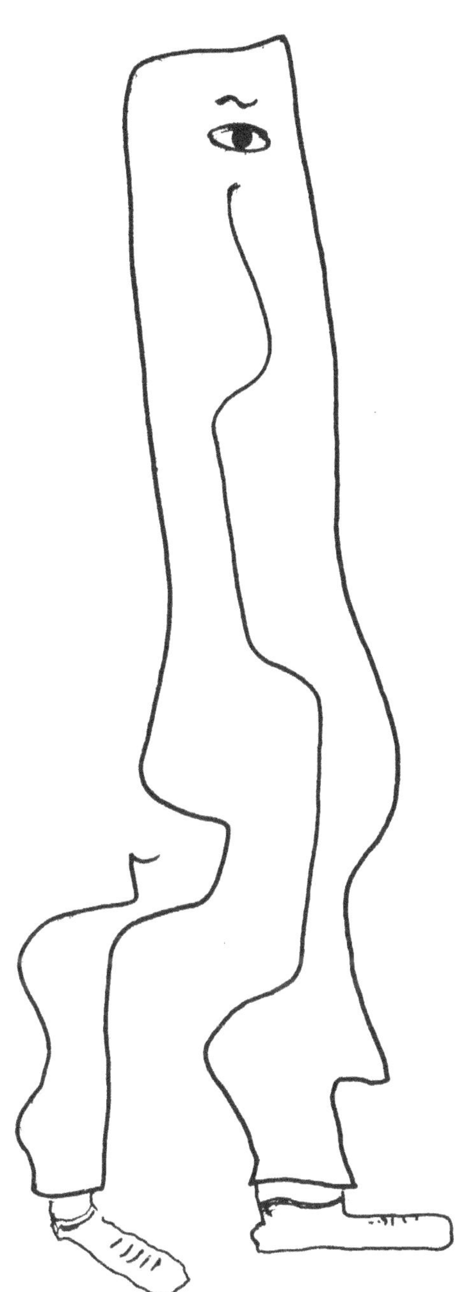

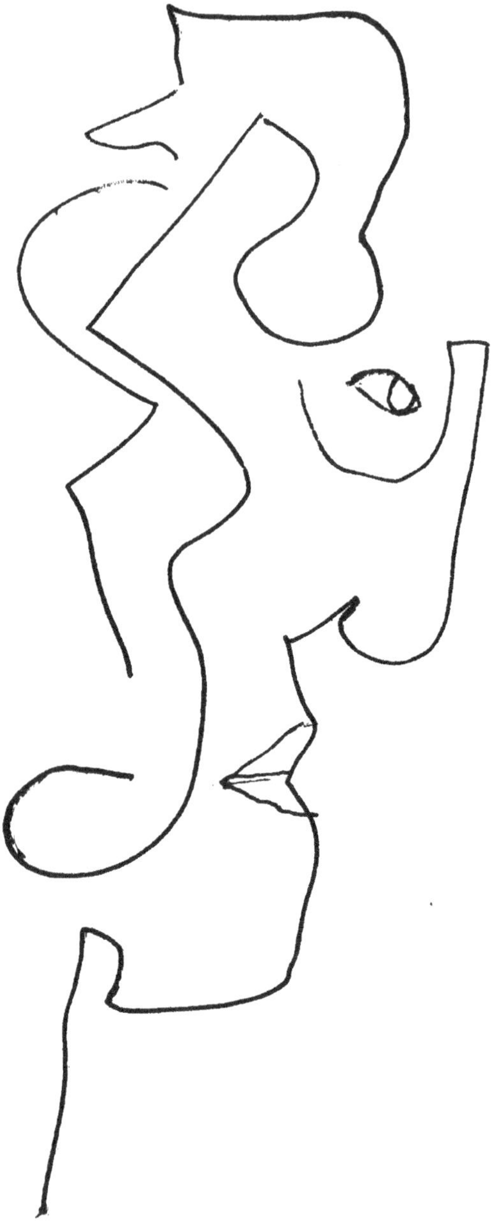

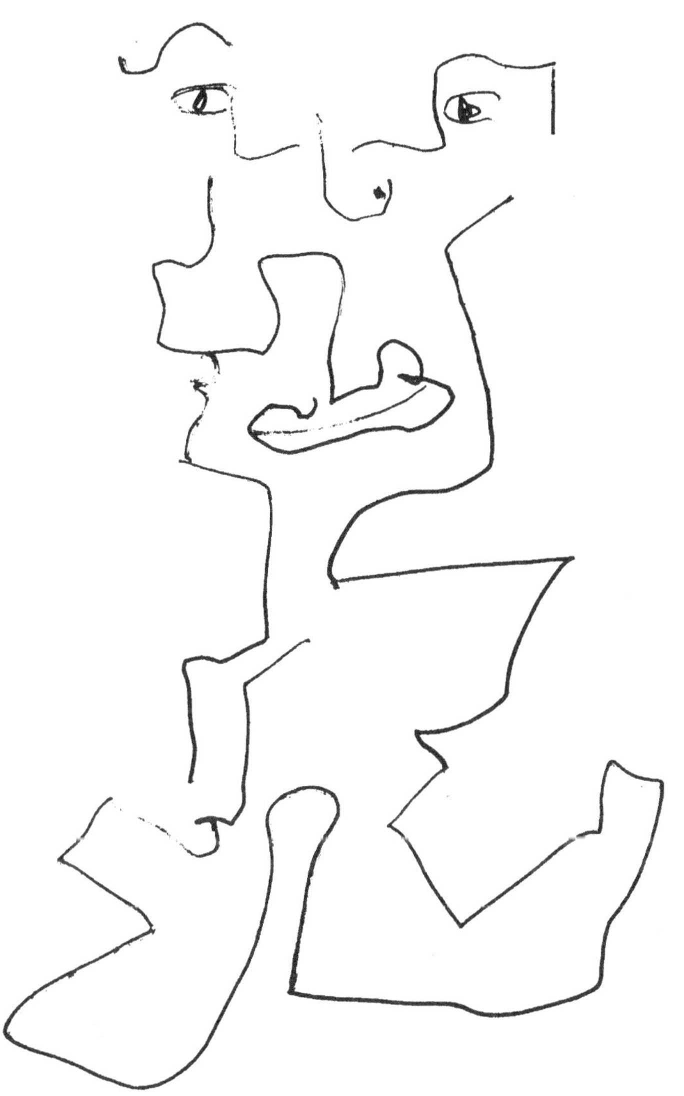

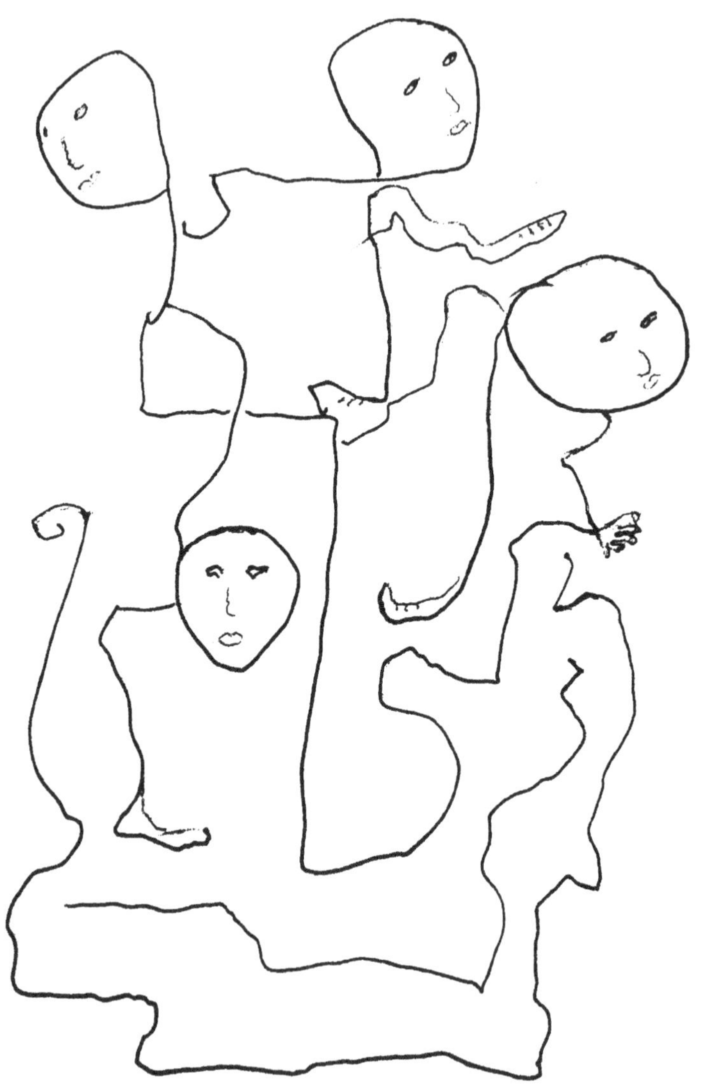

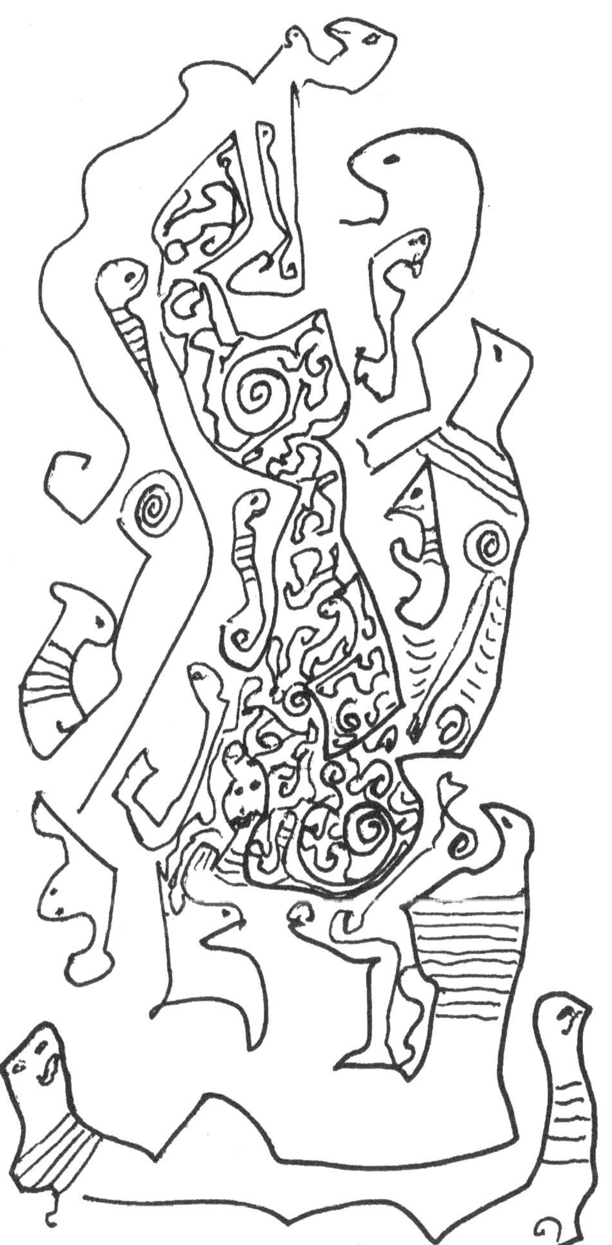

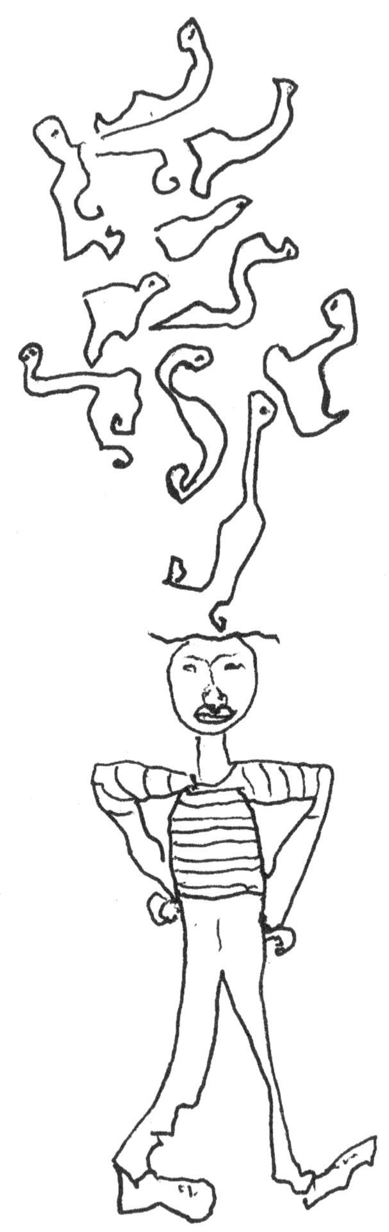

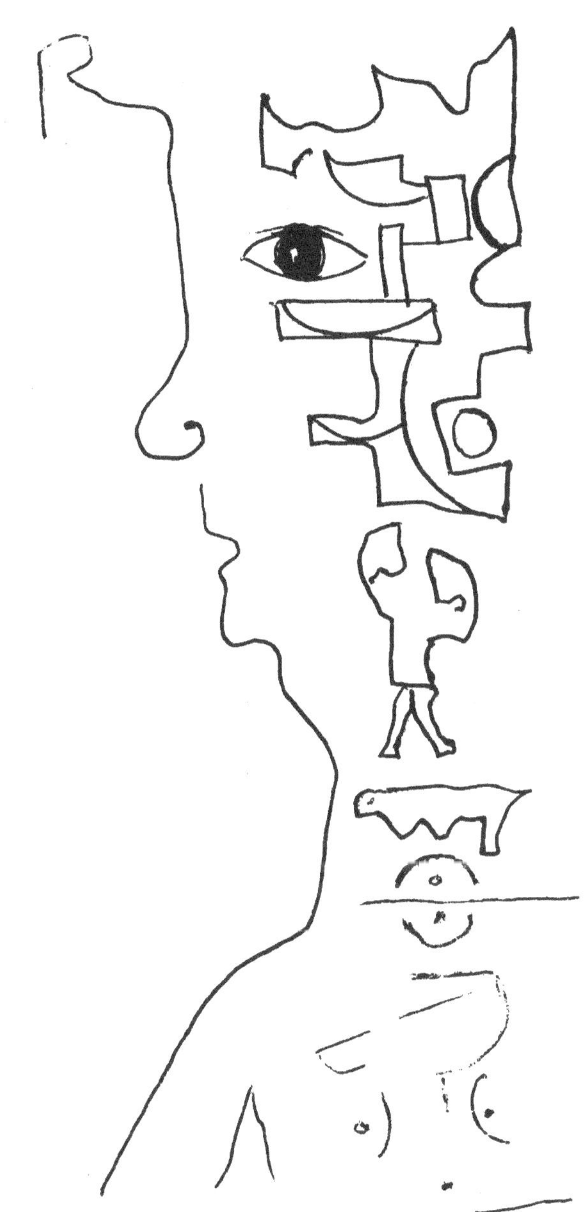

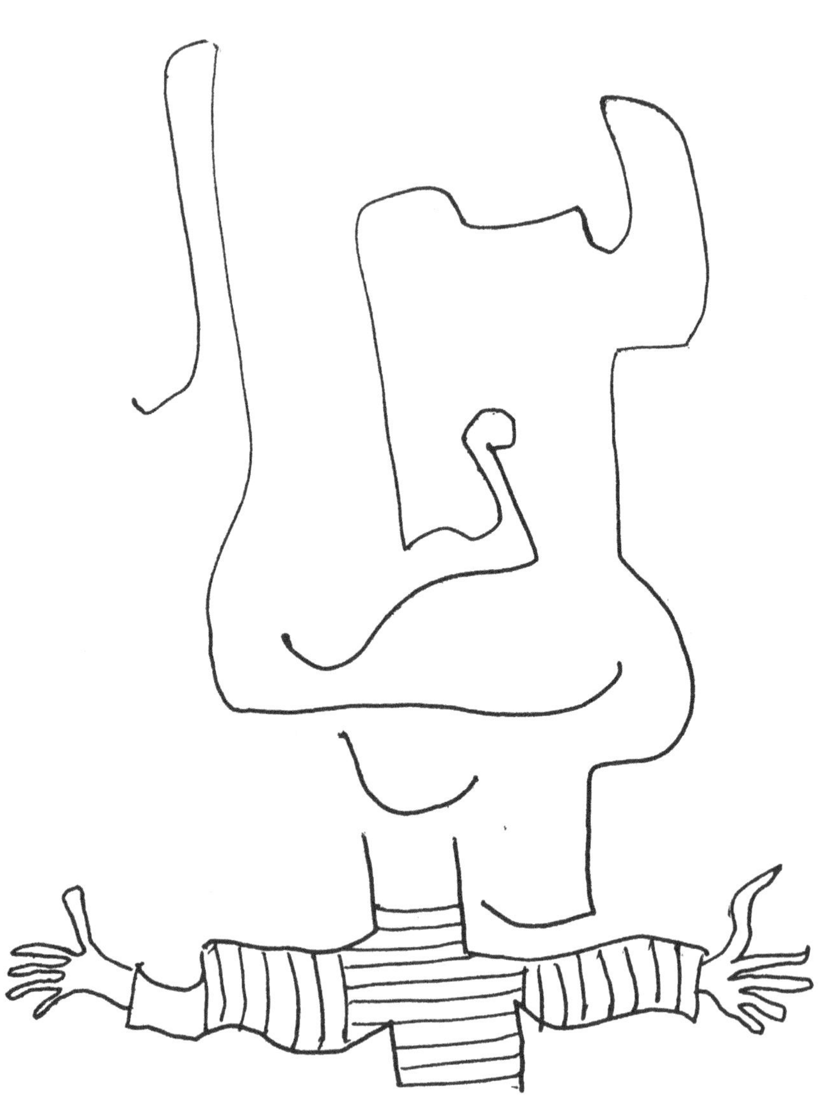

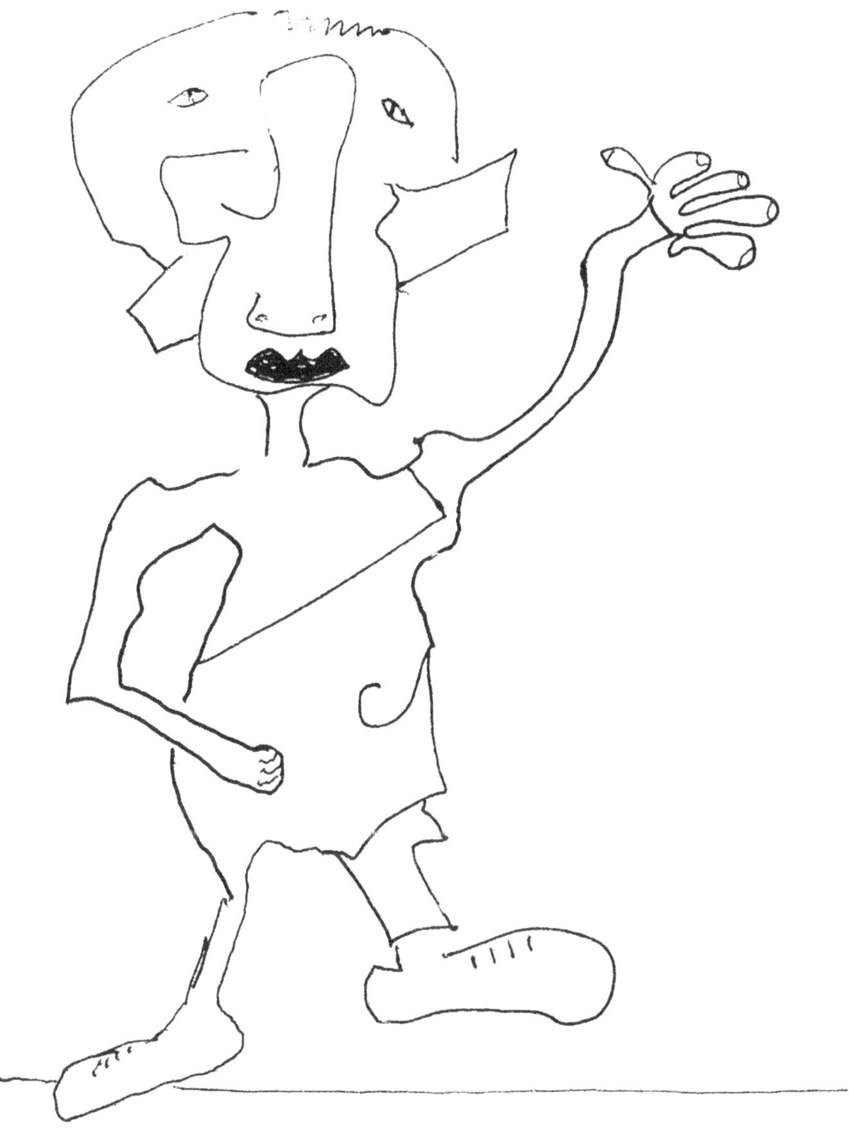

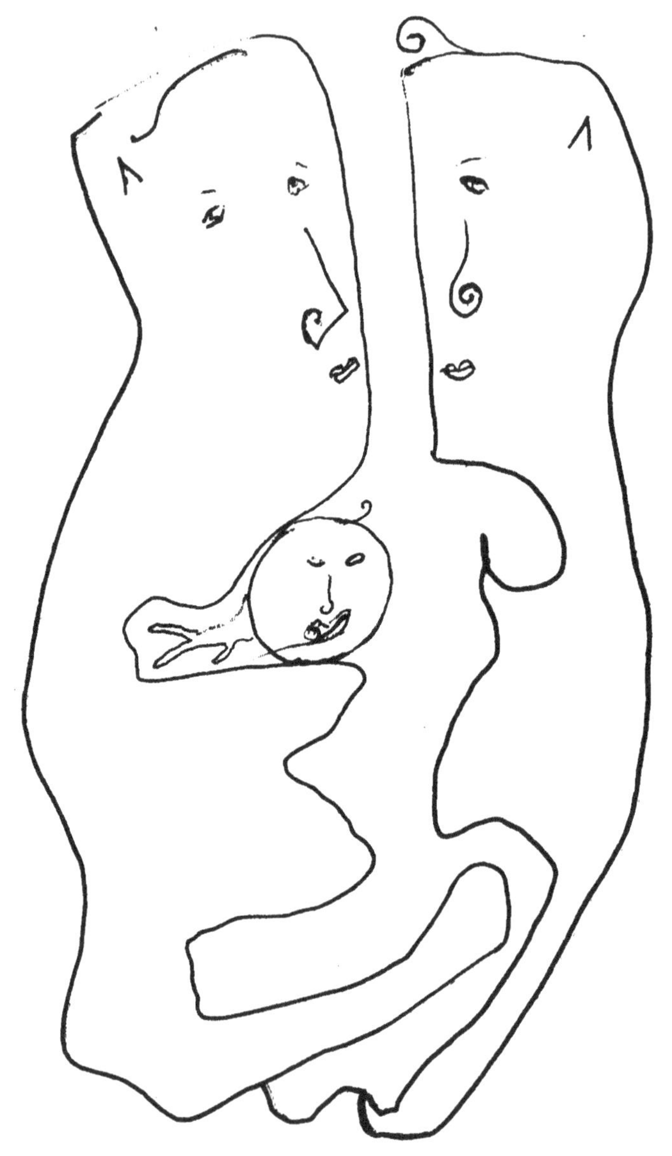

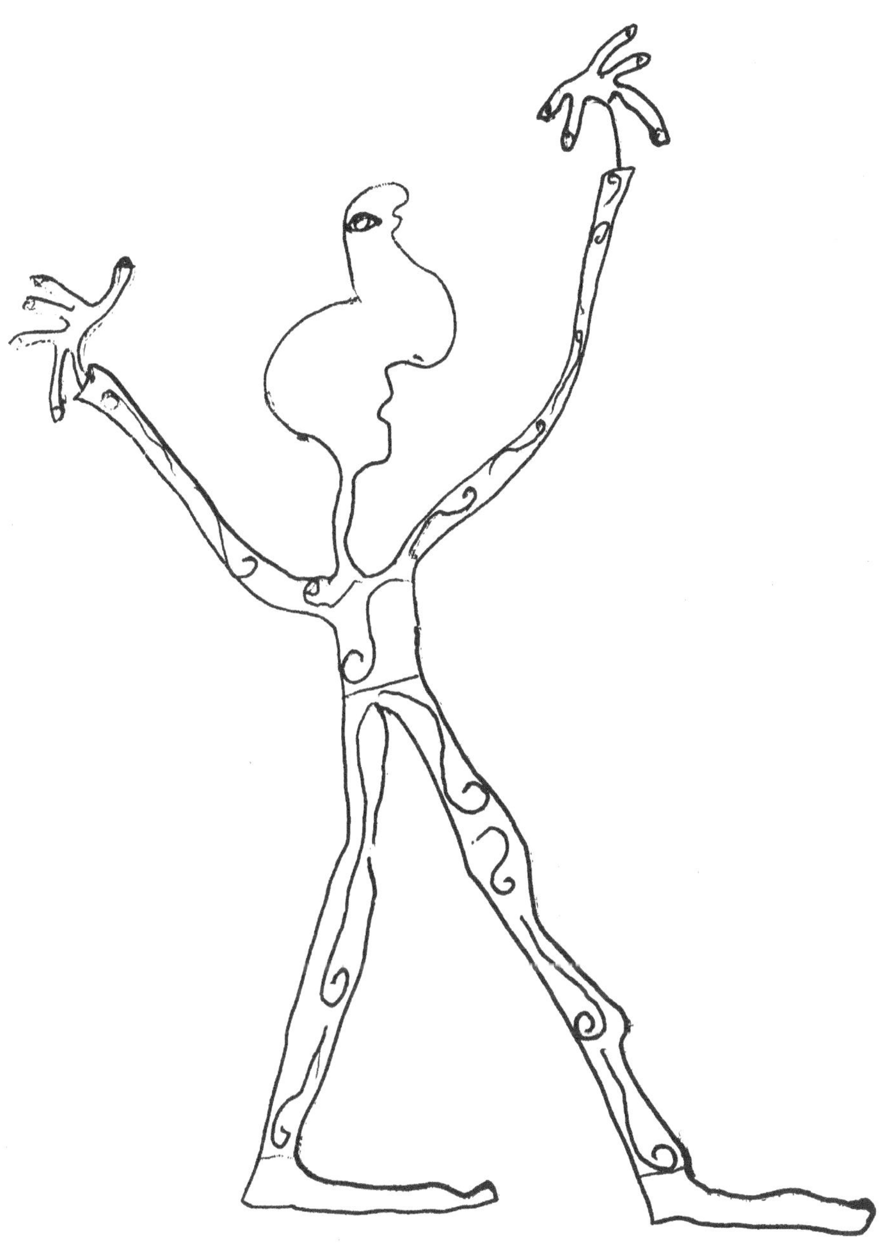

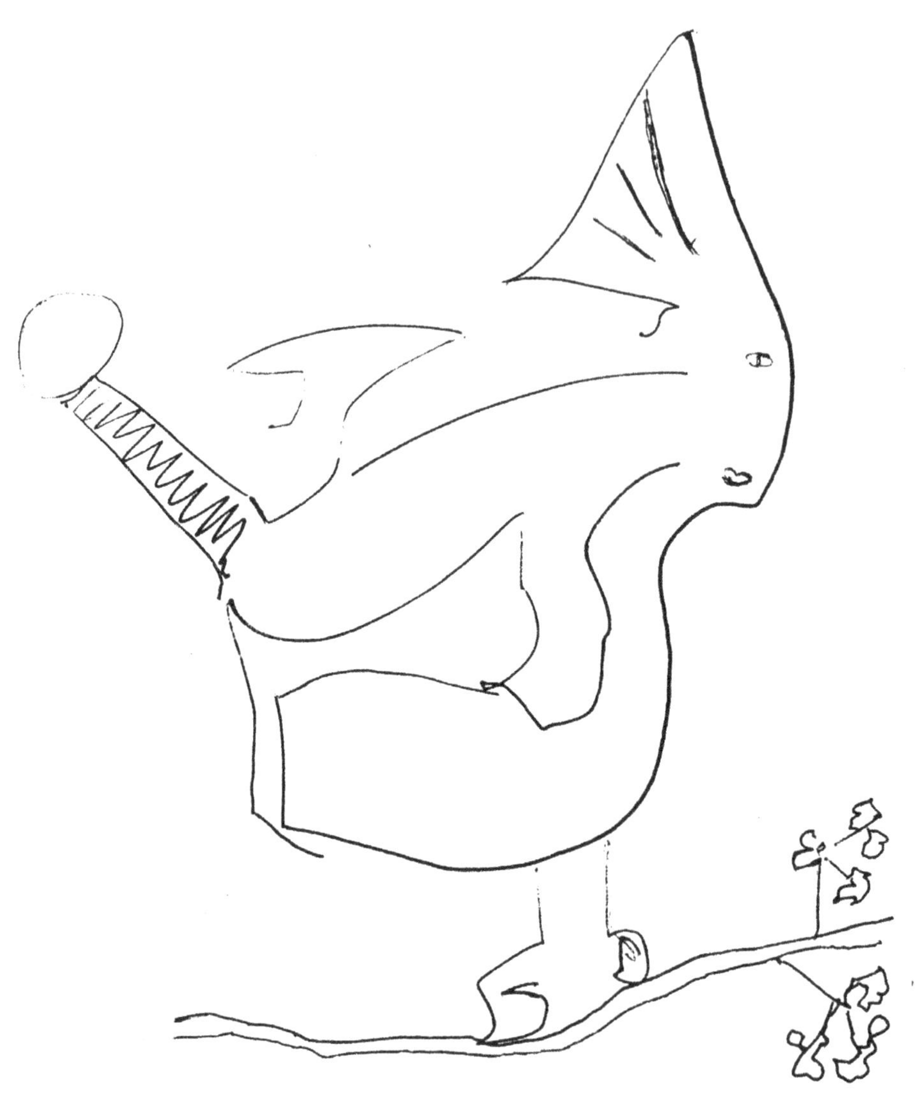

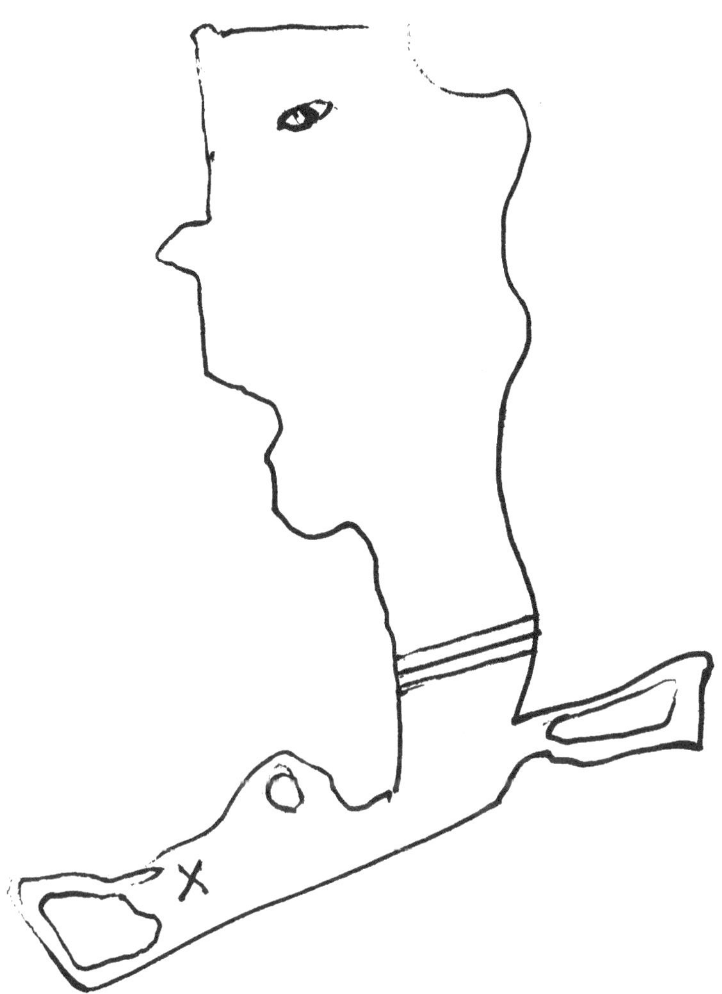
X

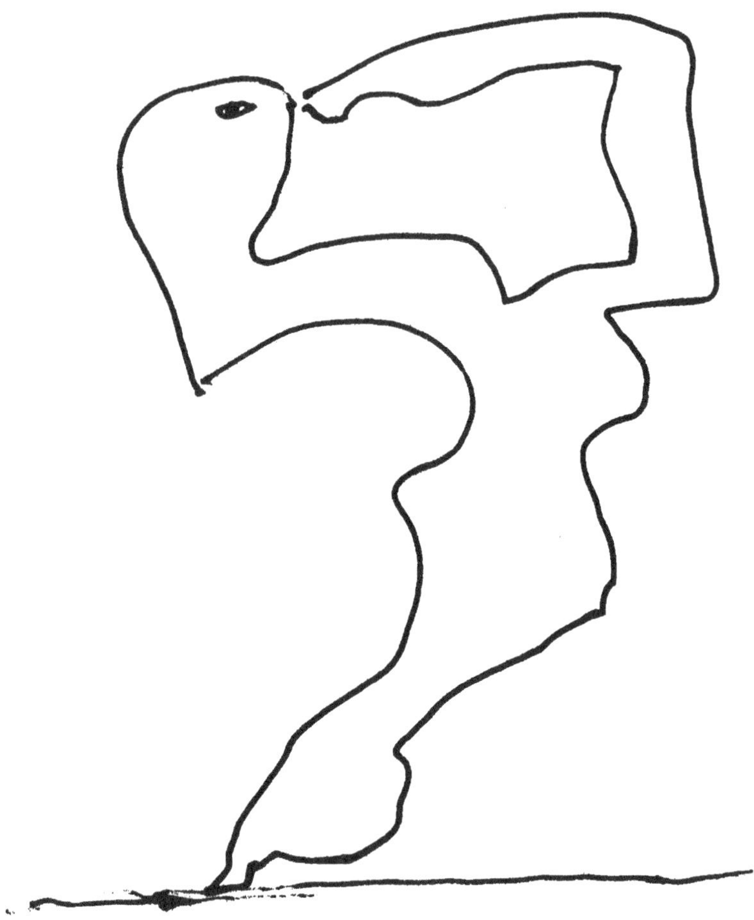

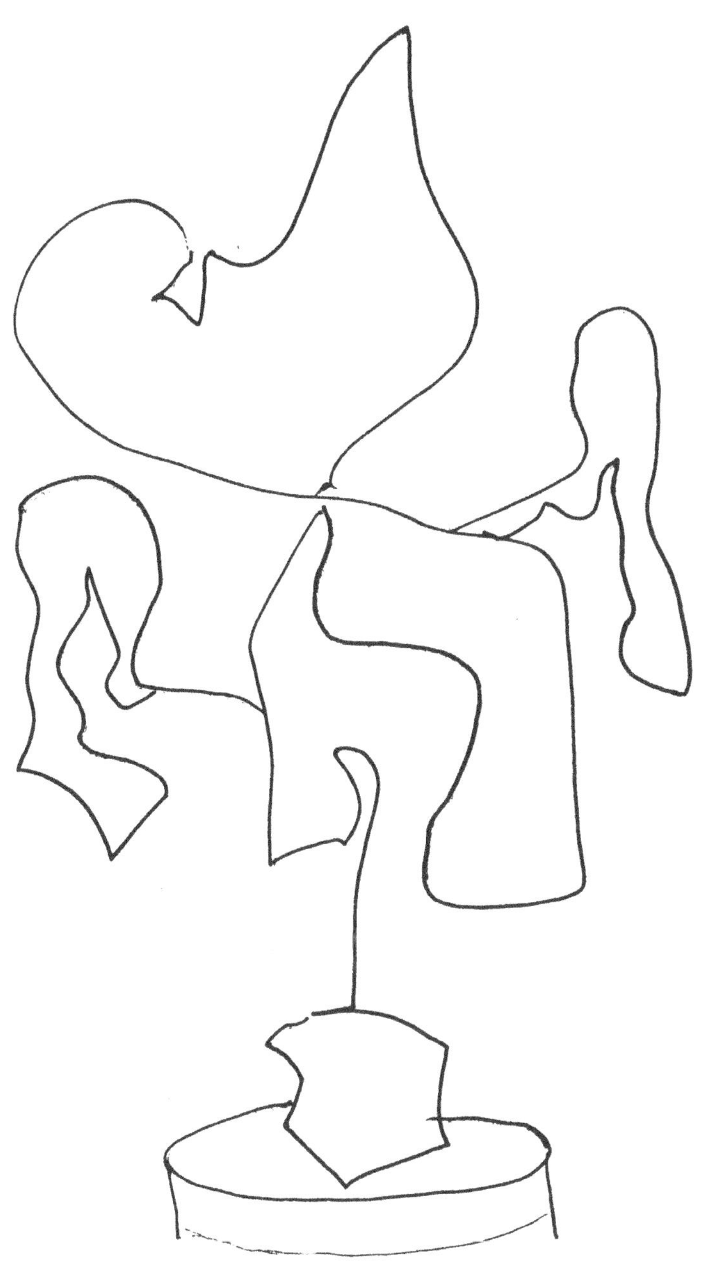

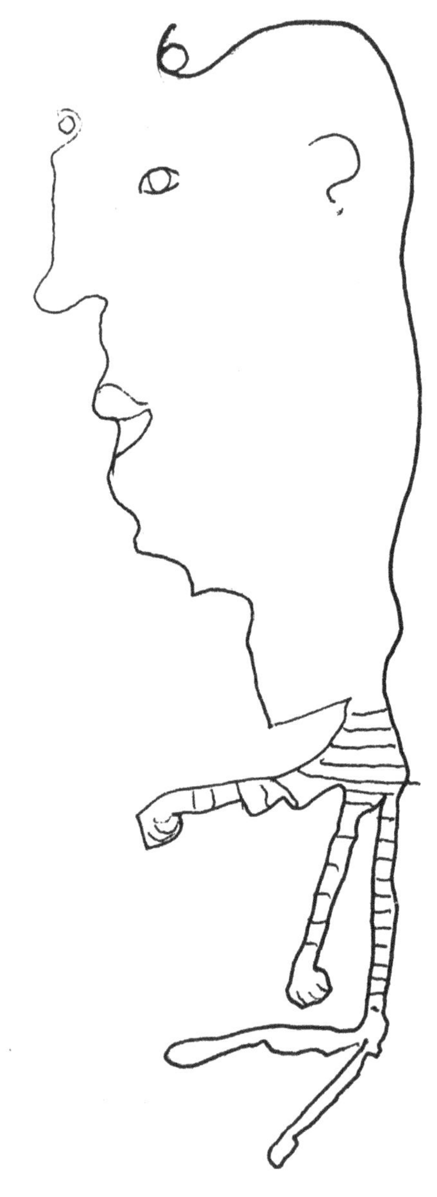

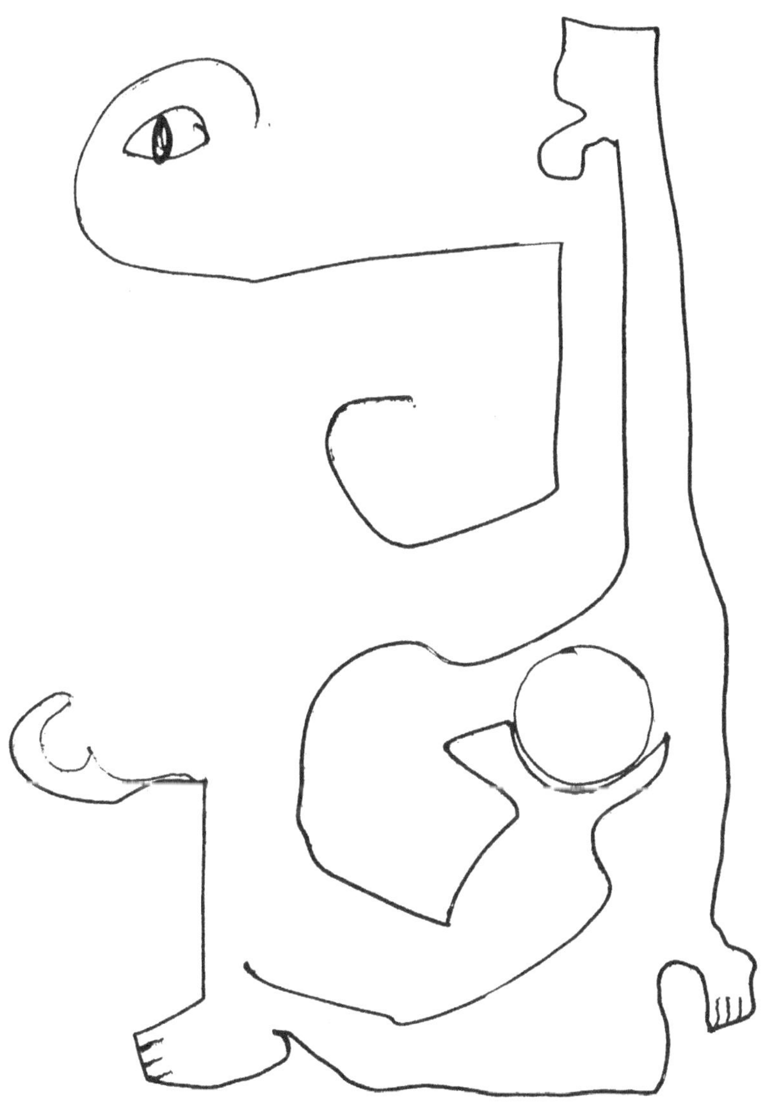

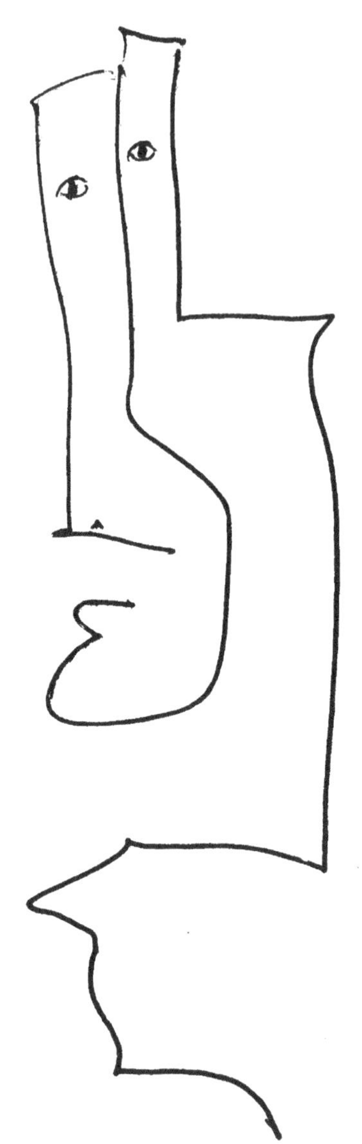

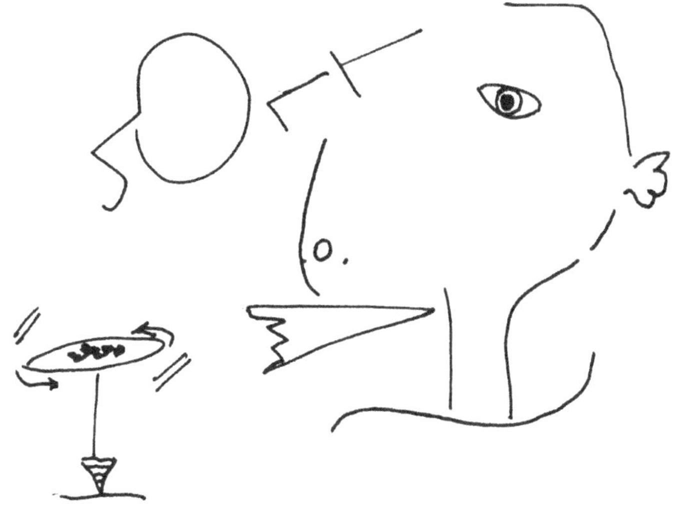

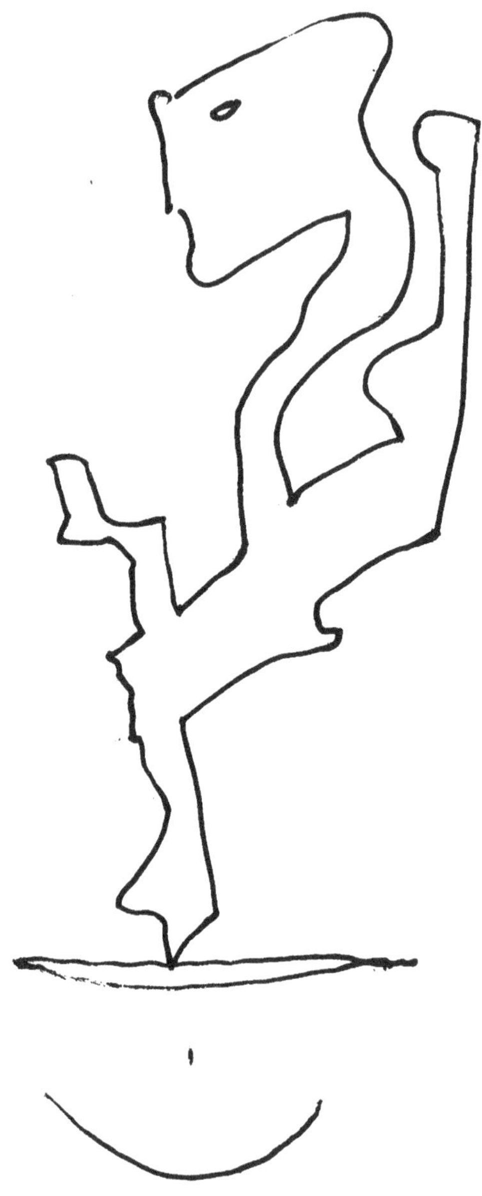

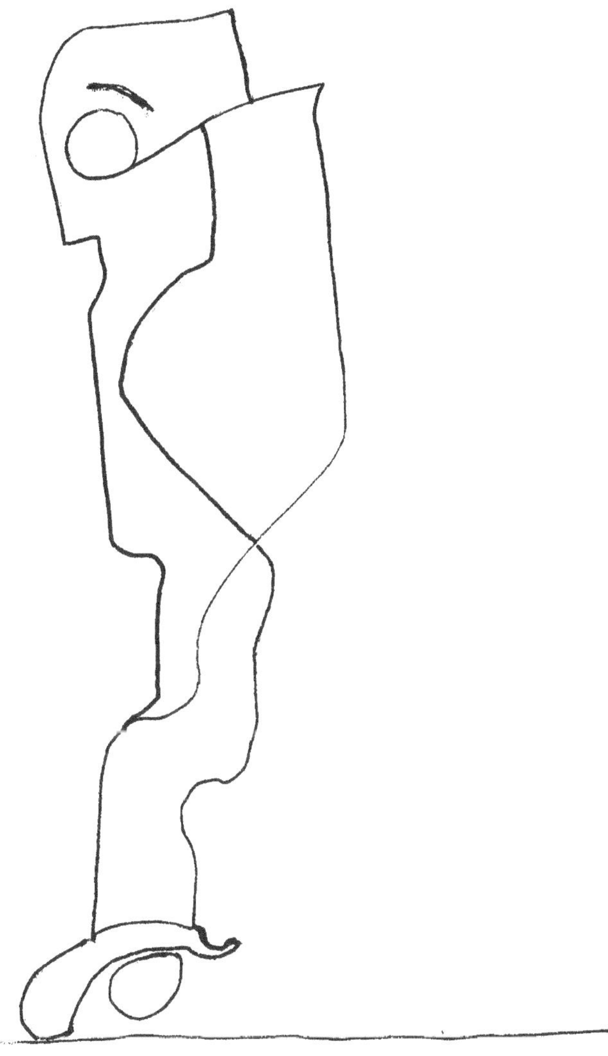

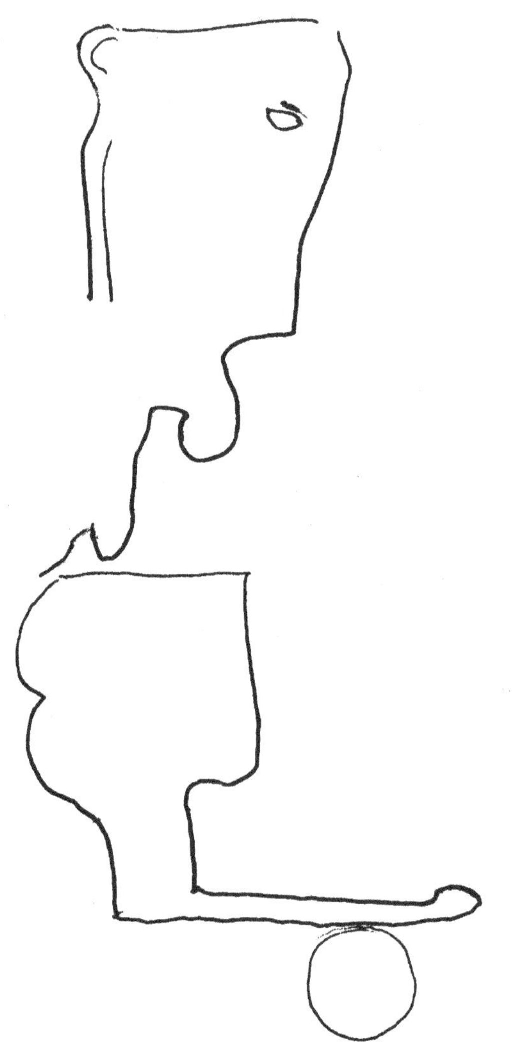

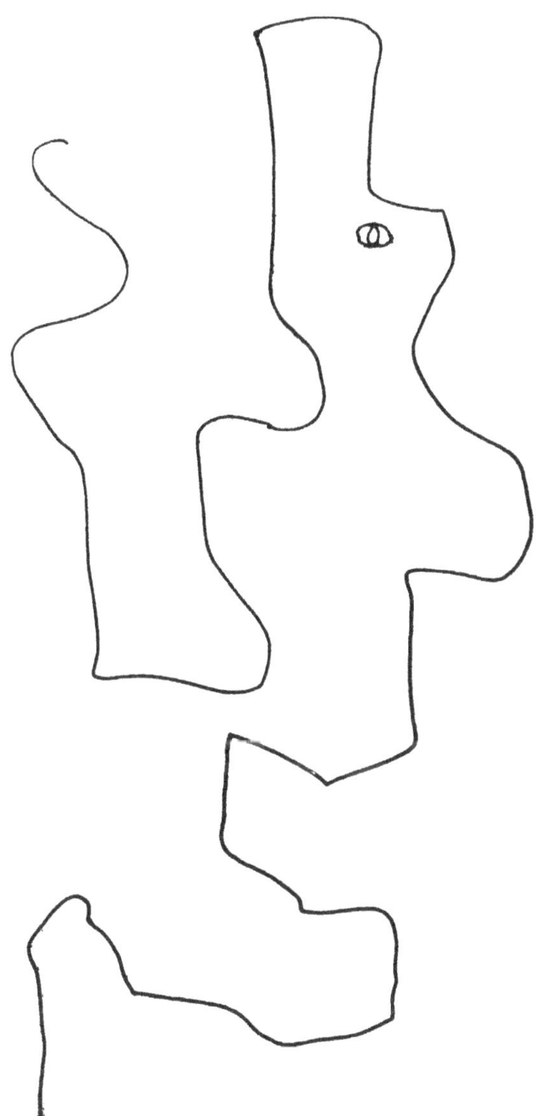

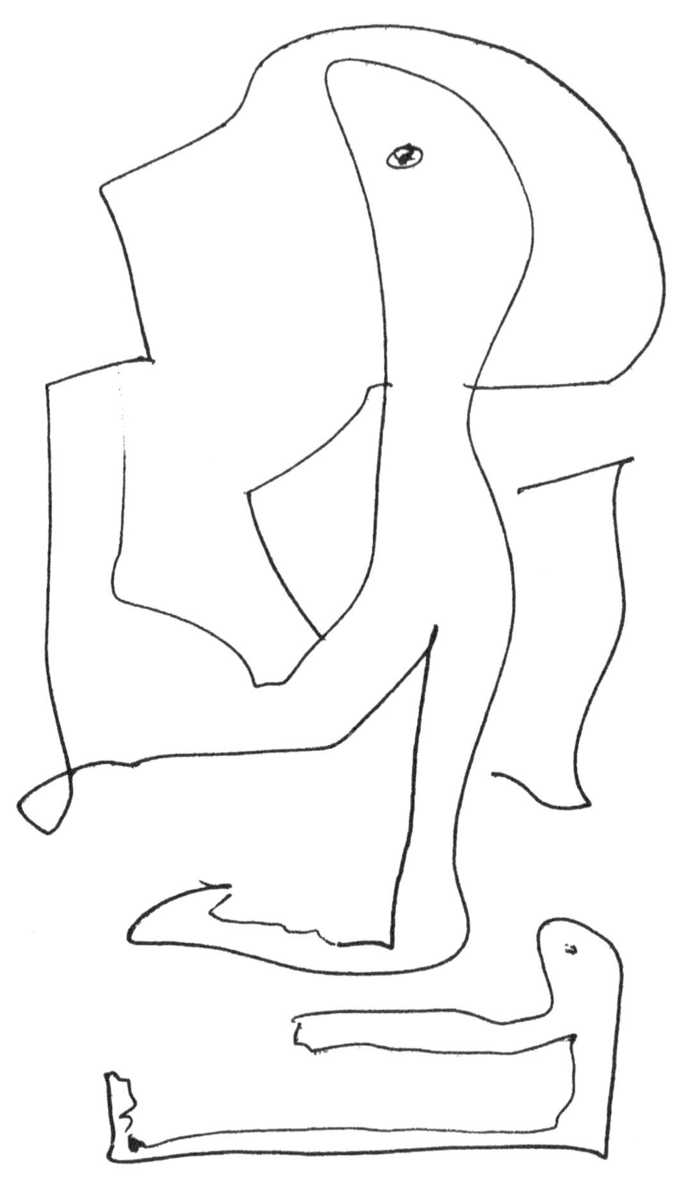

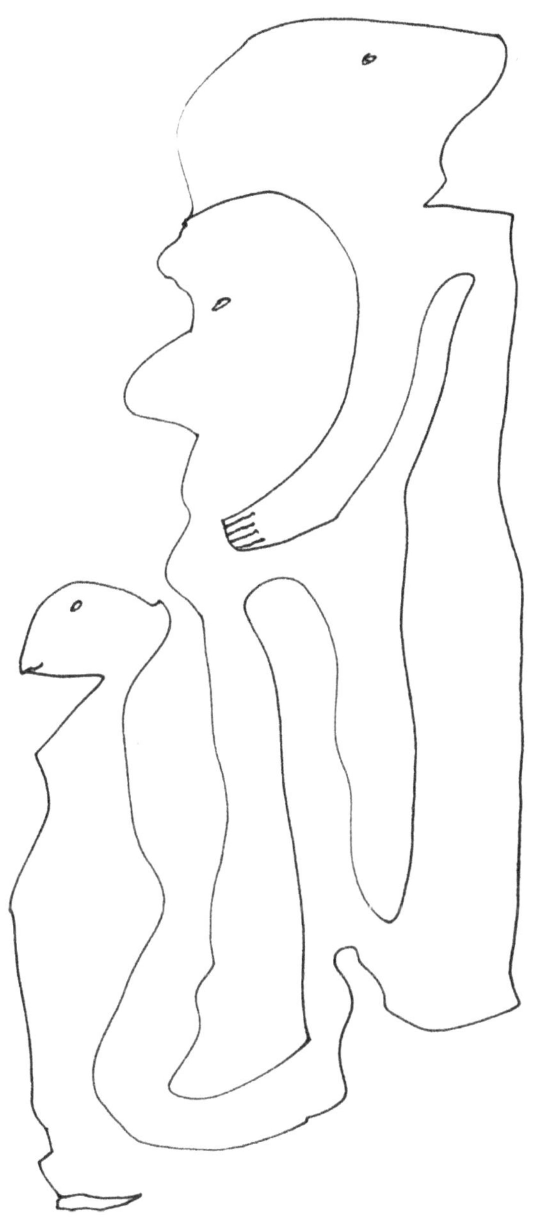

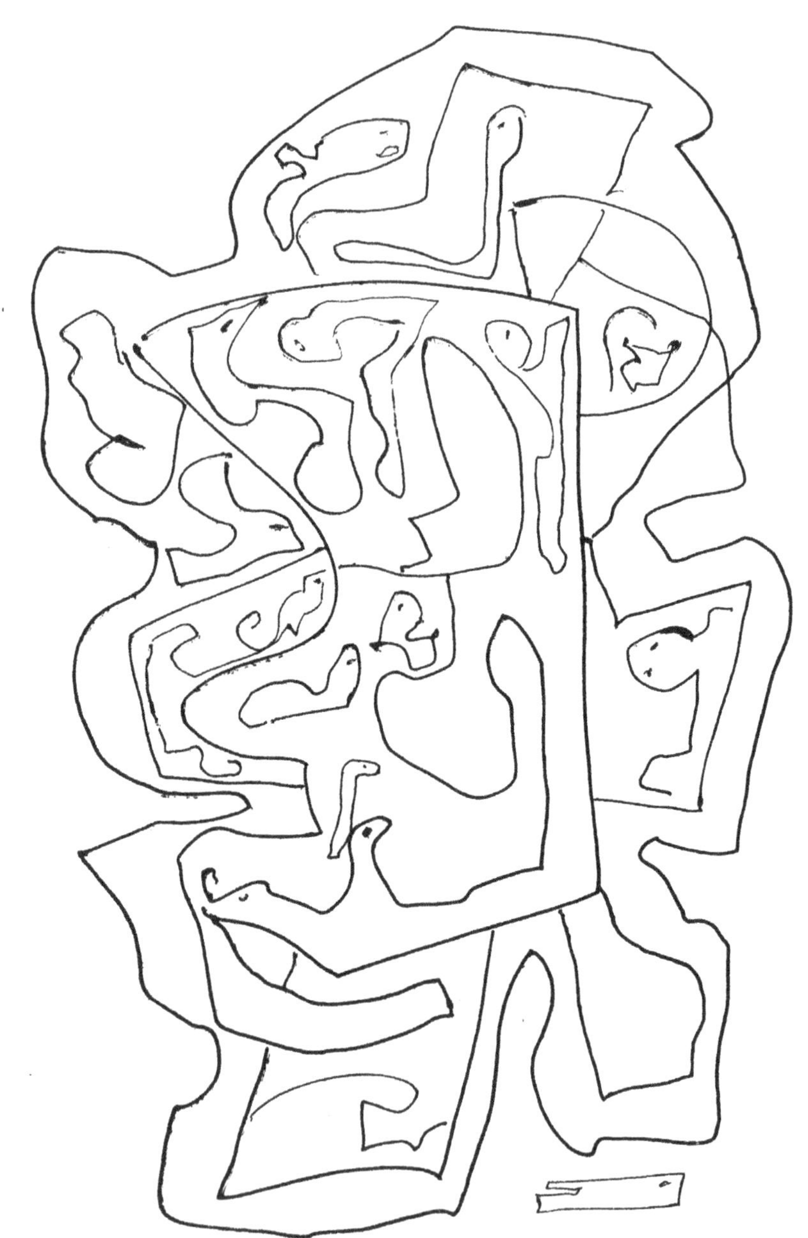

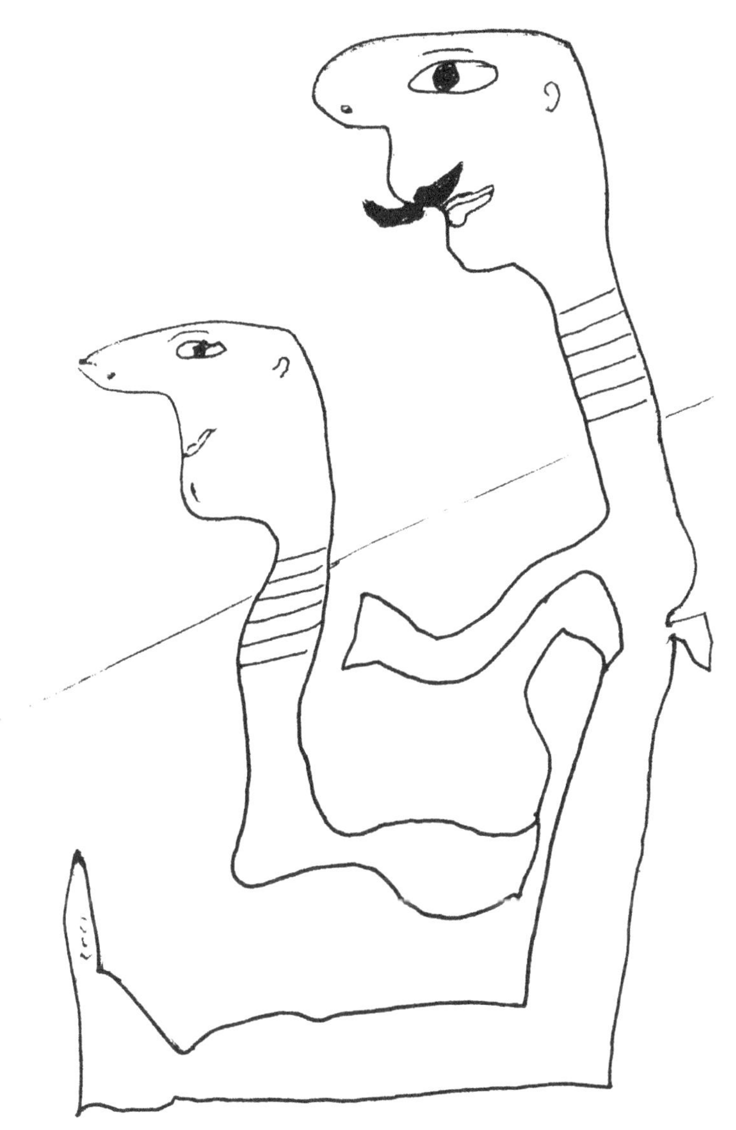

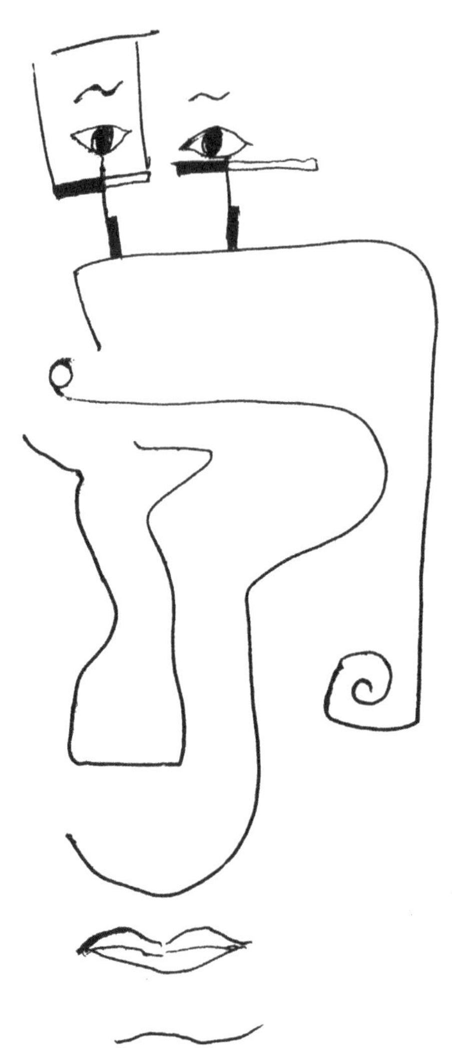

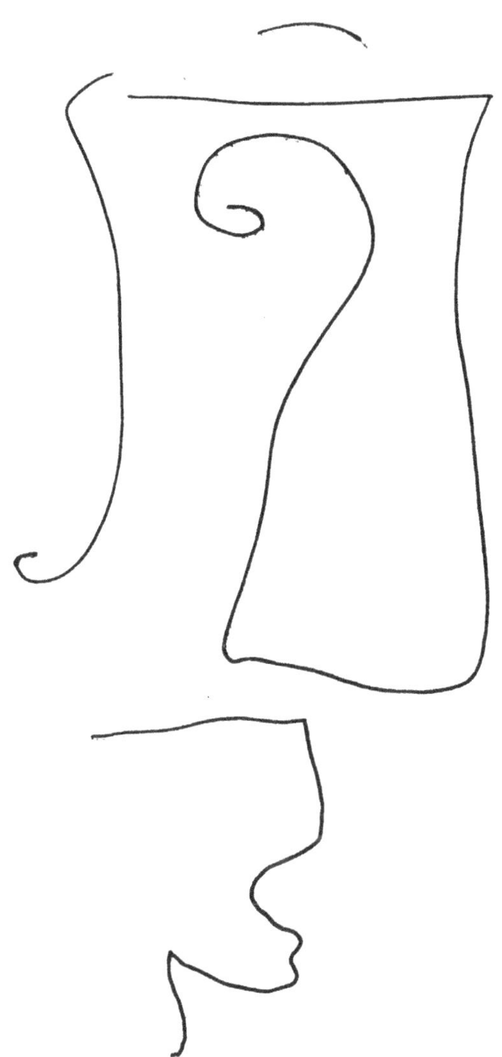

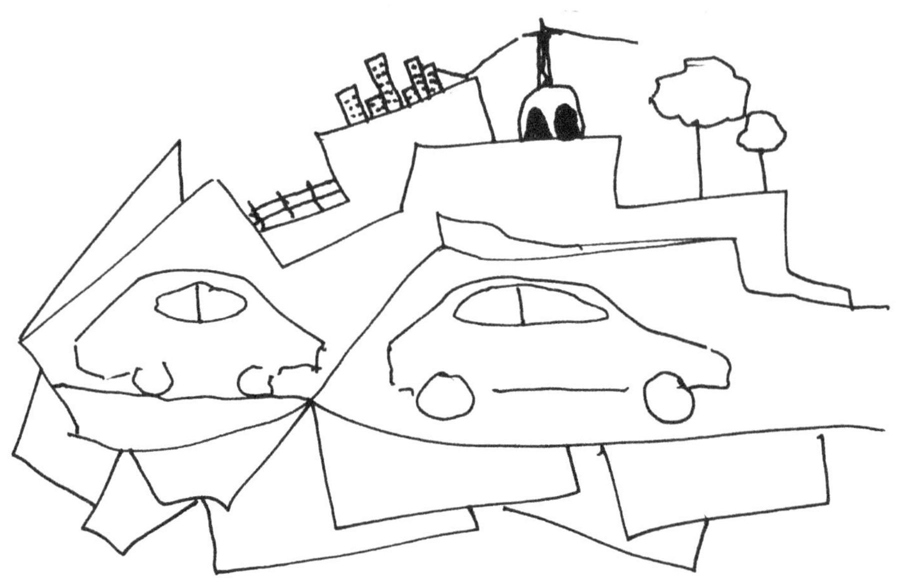

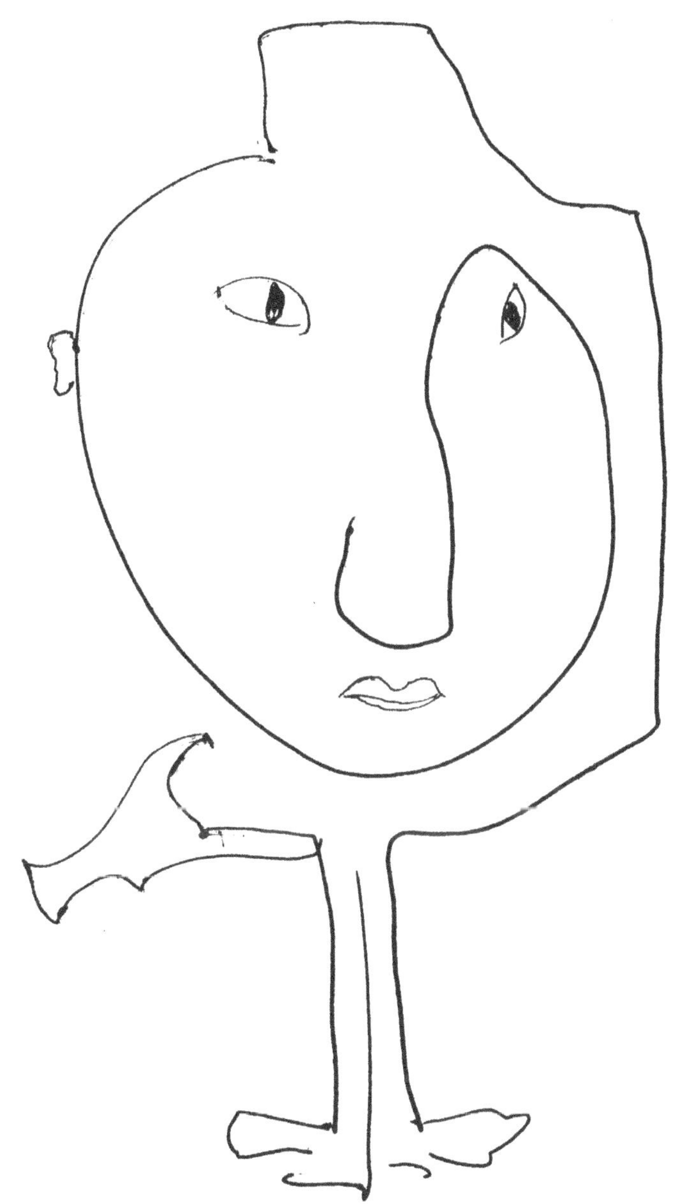

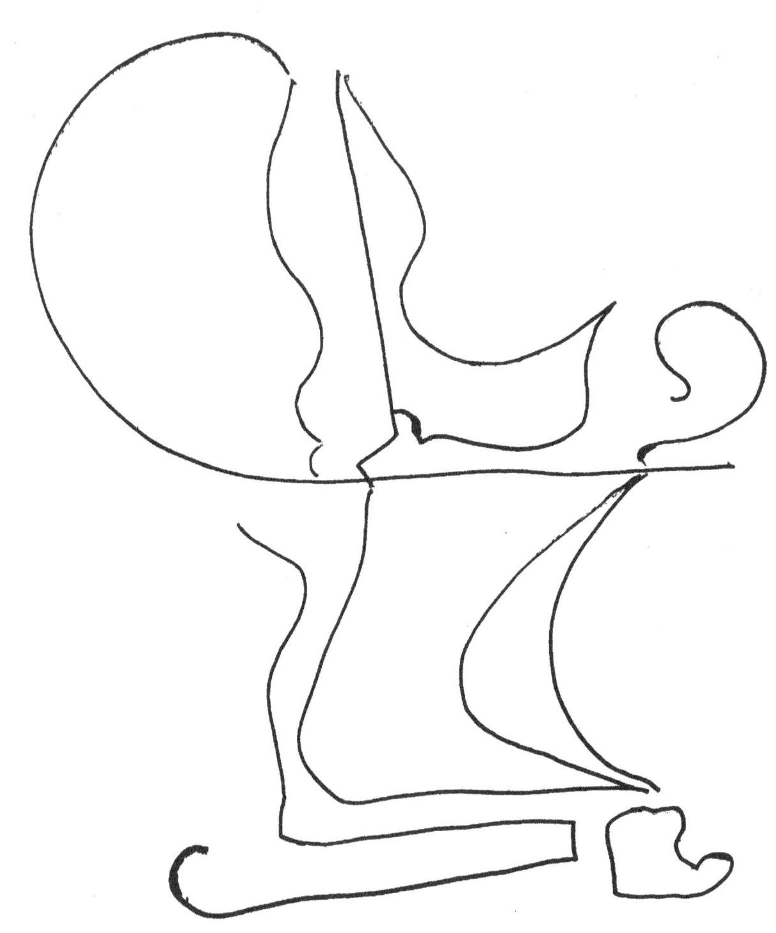

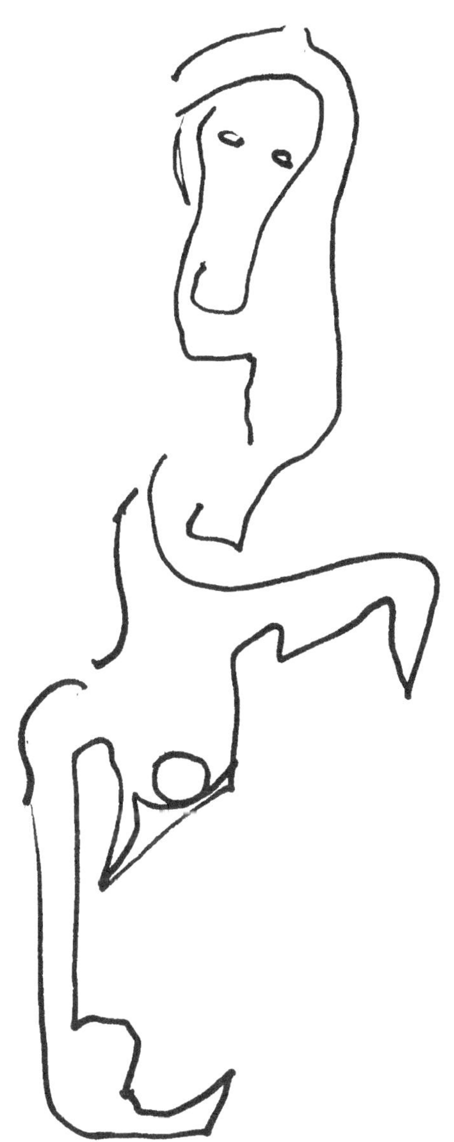

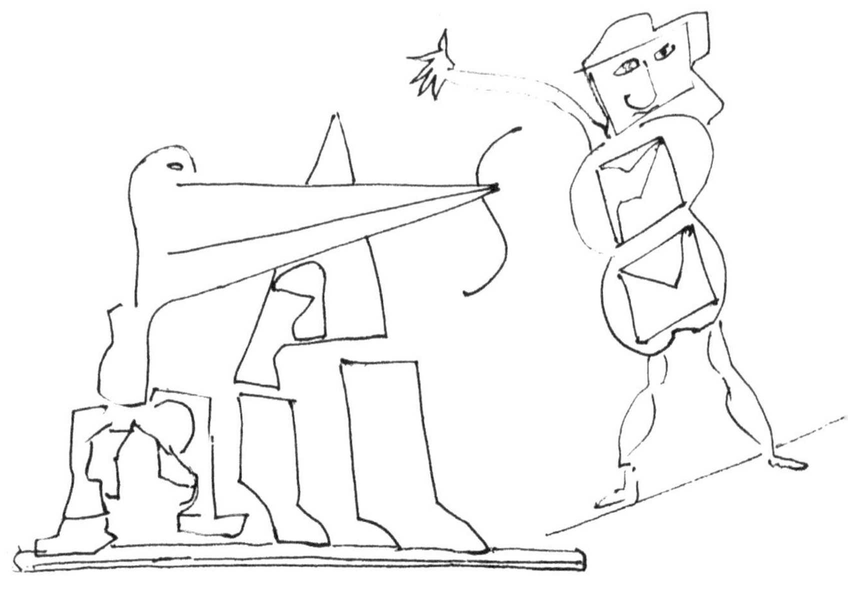

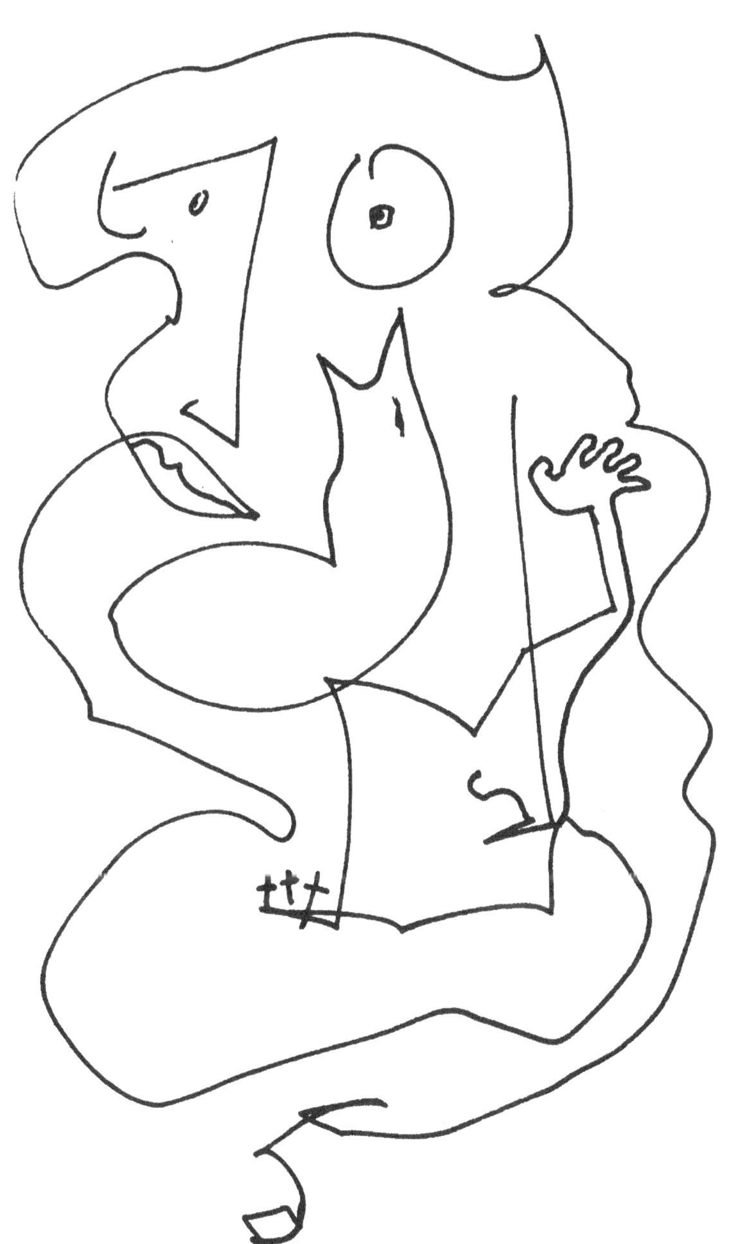

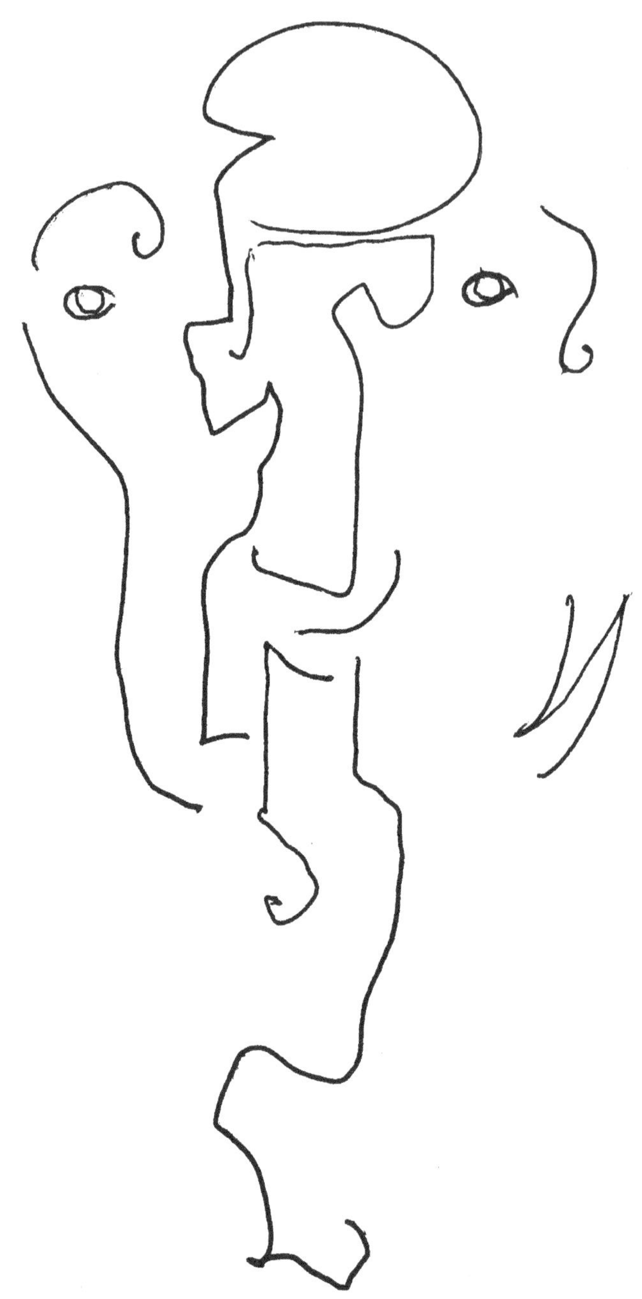

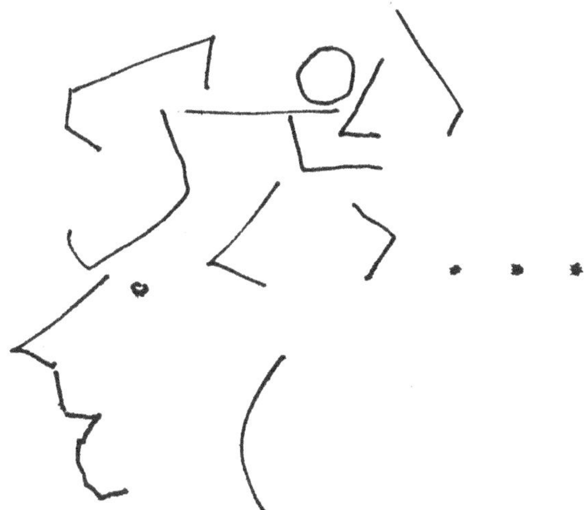

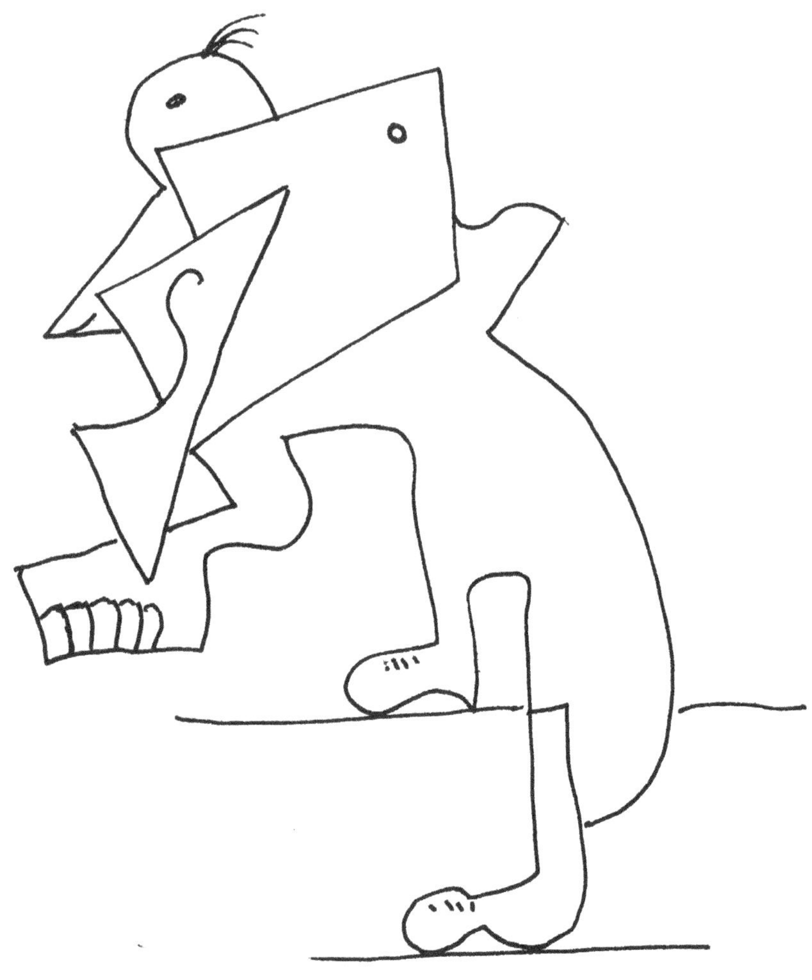

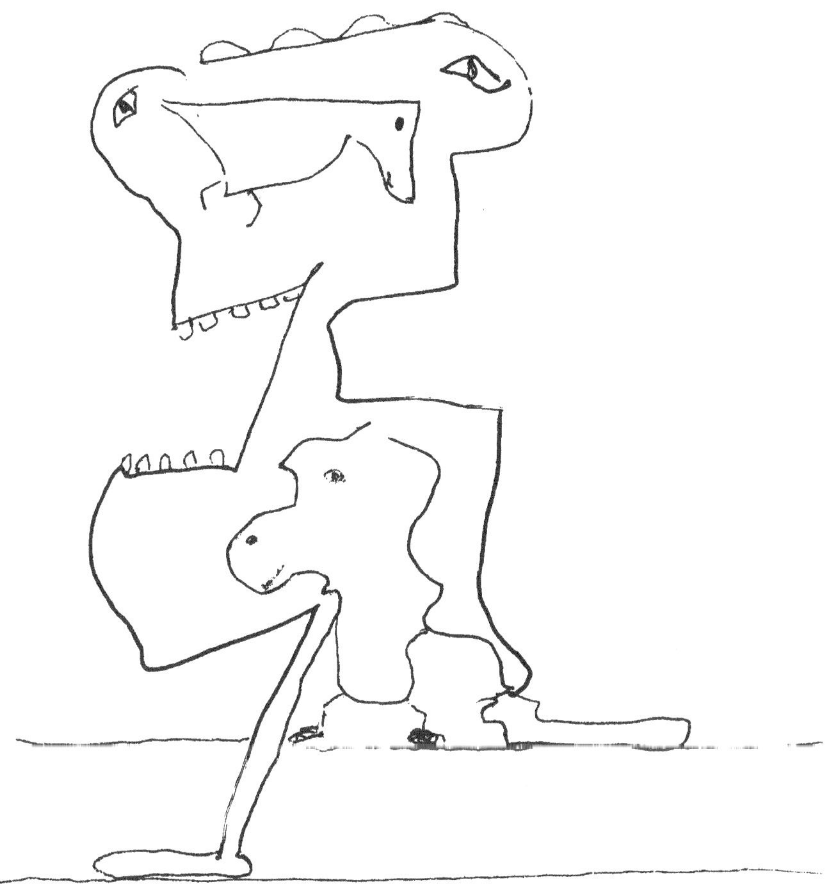

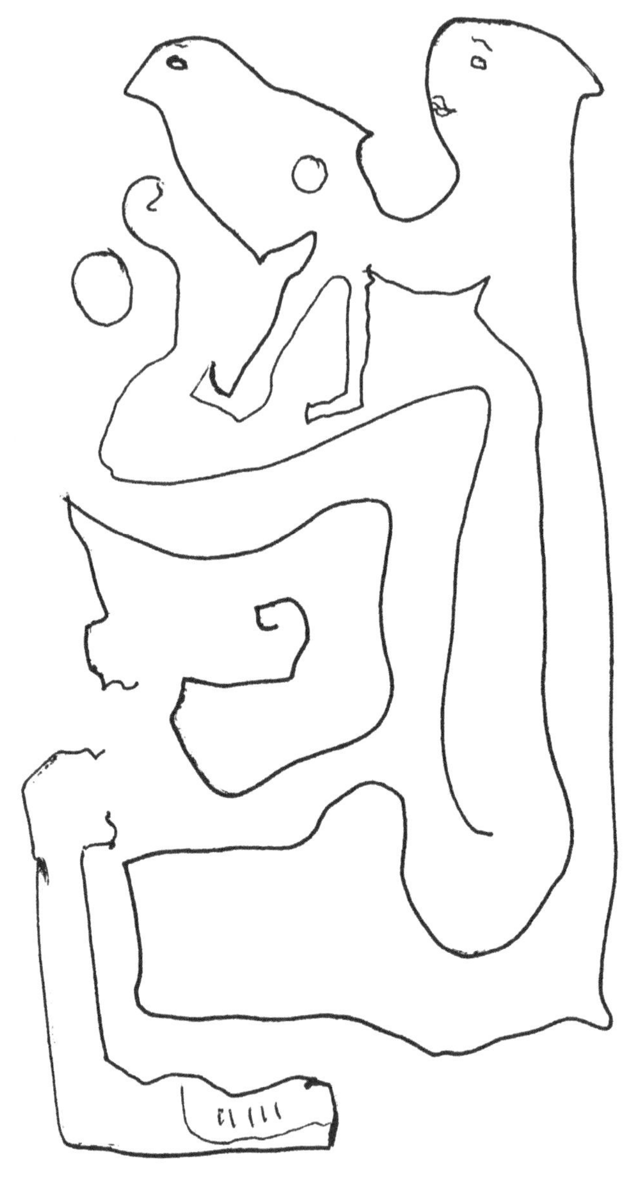

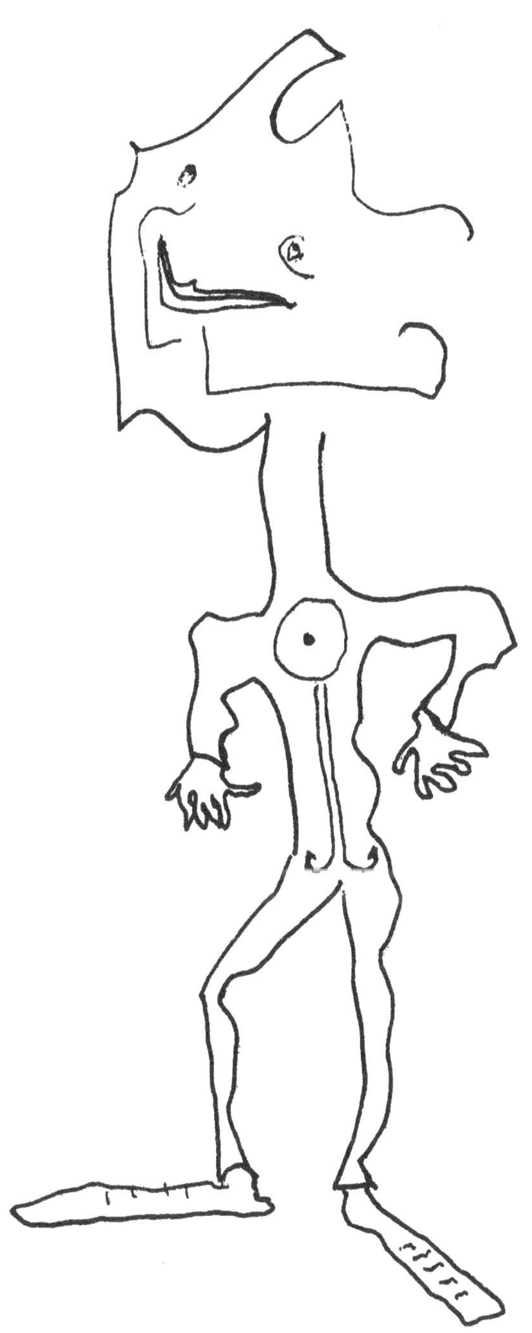

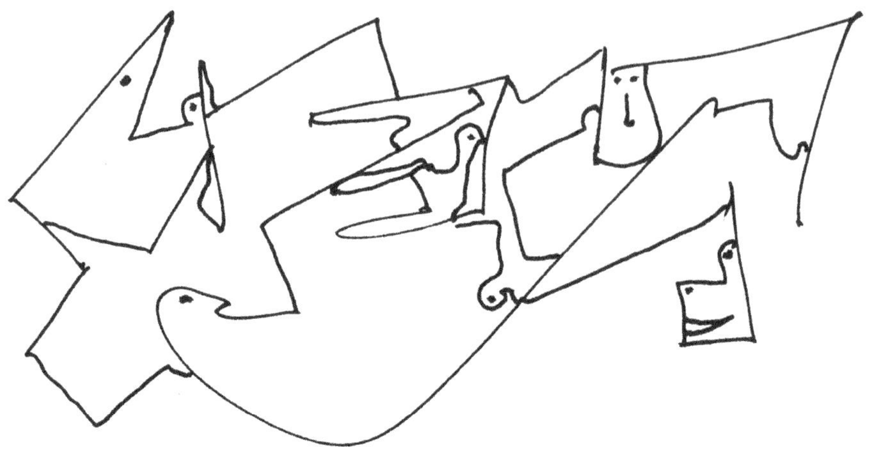

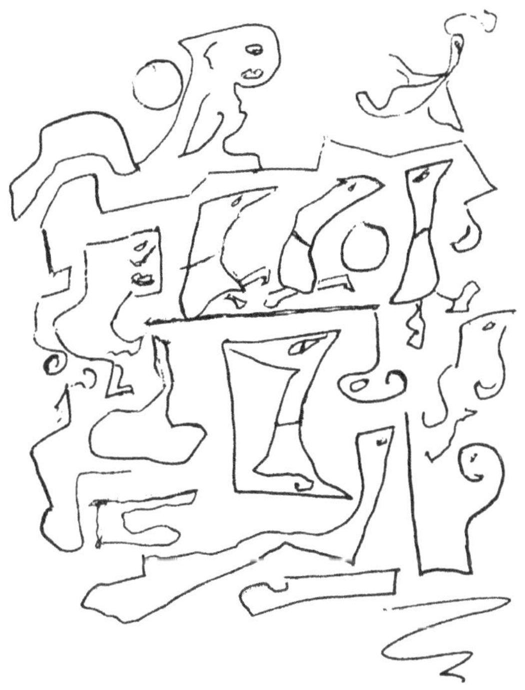

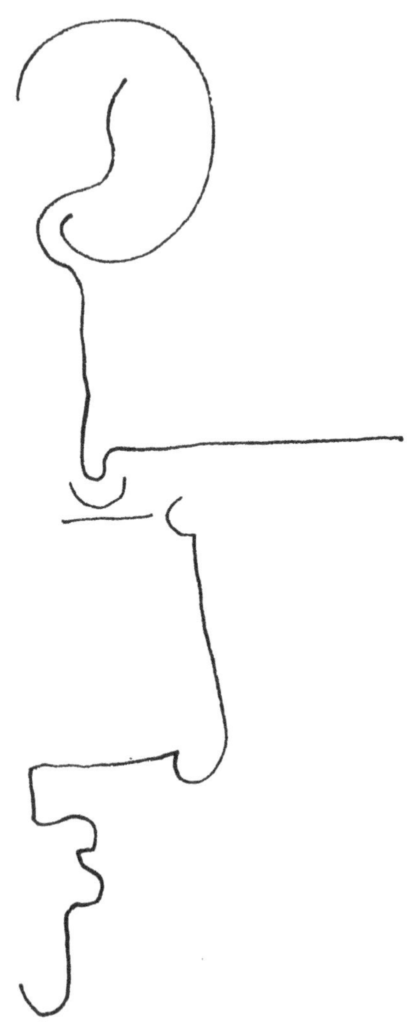

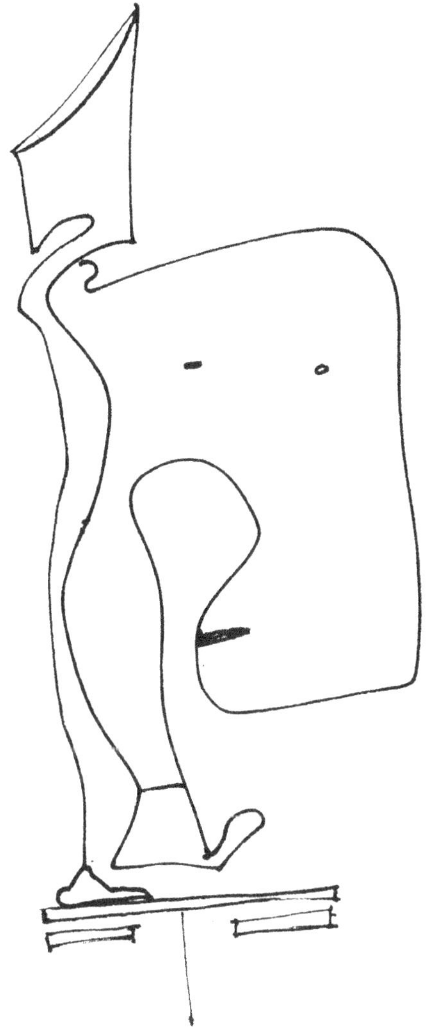

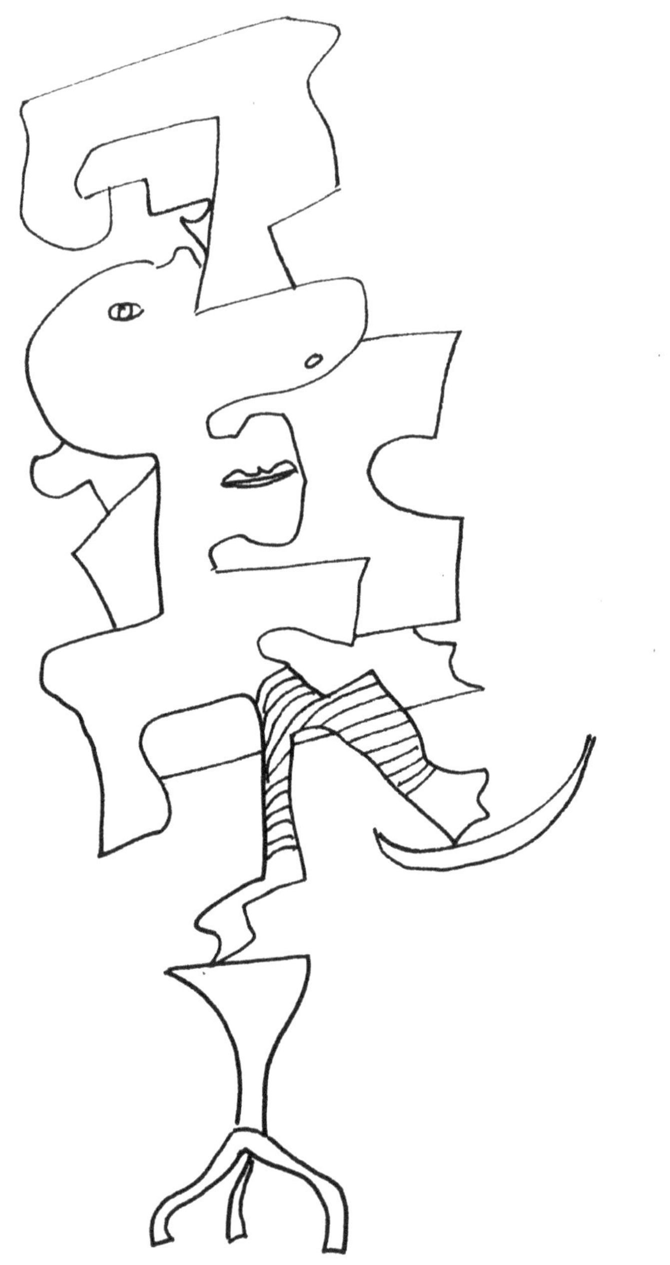

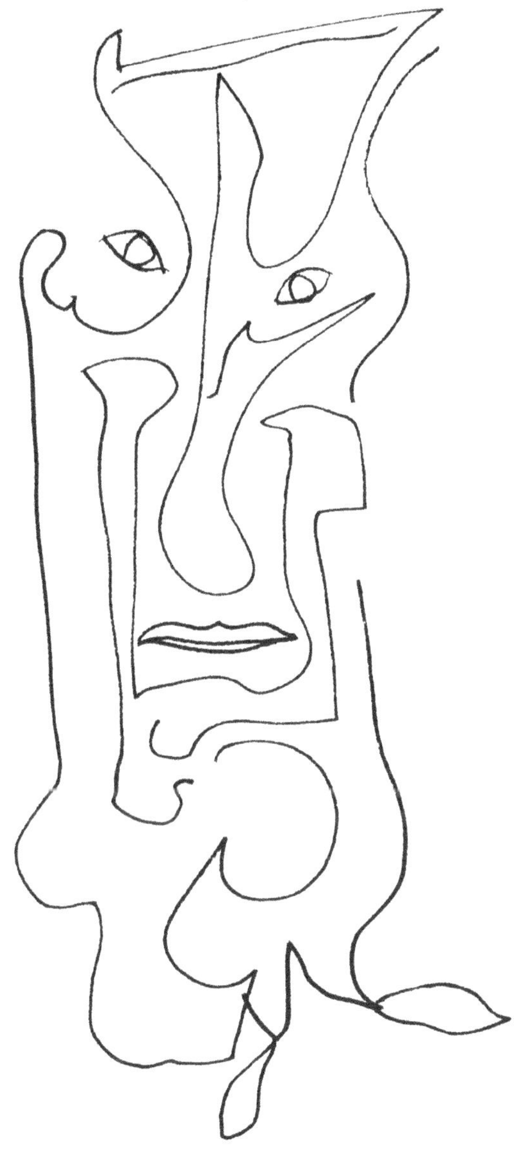

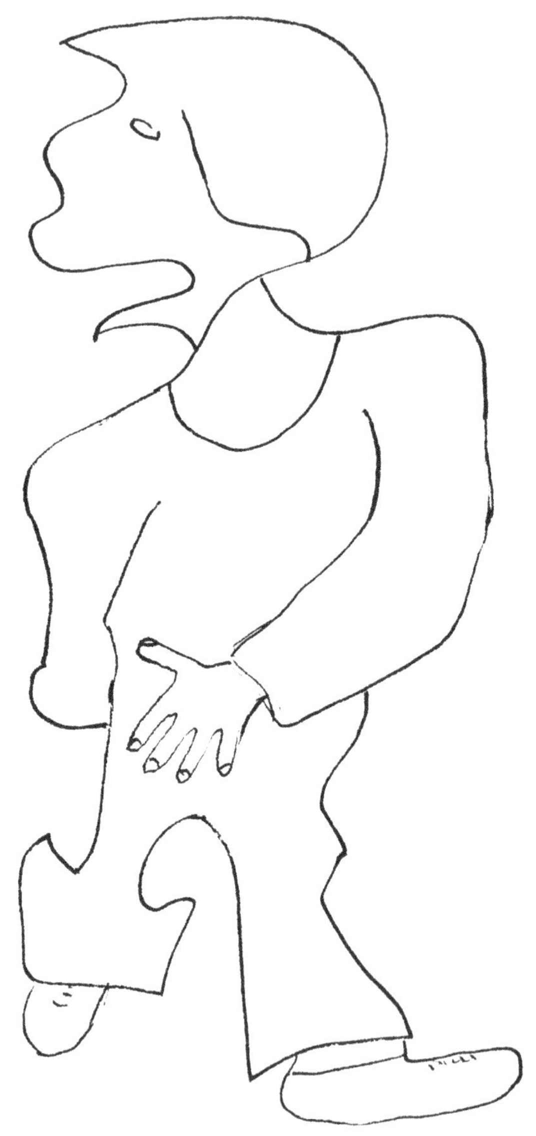

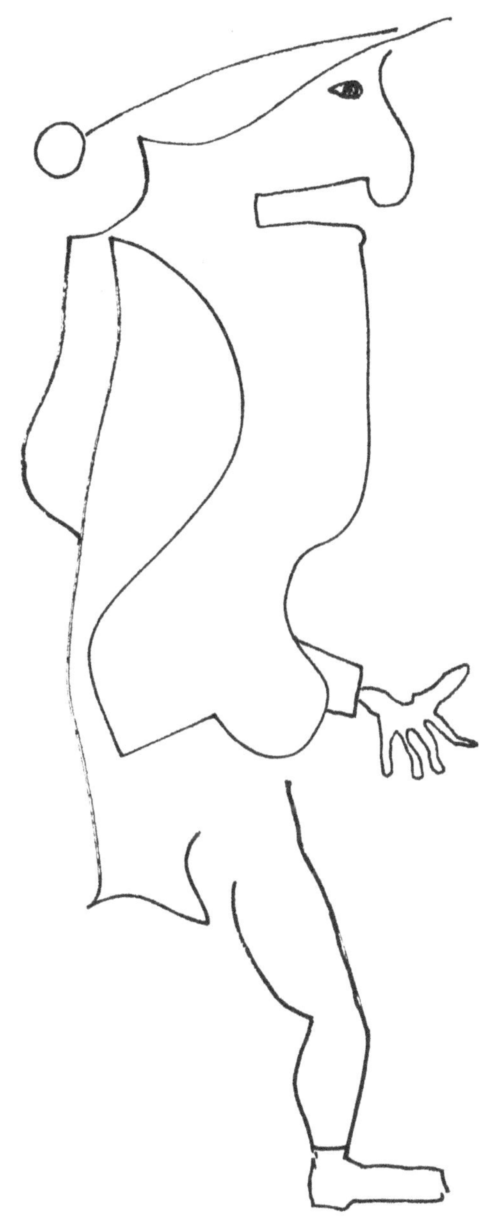

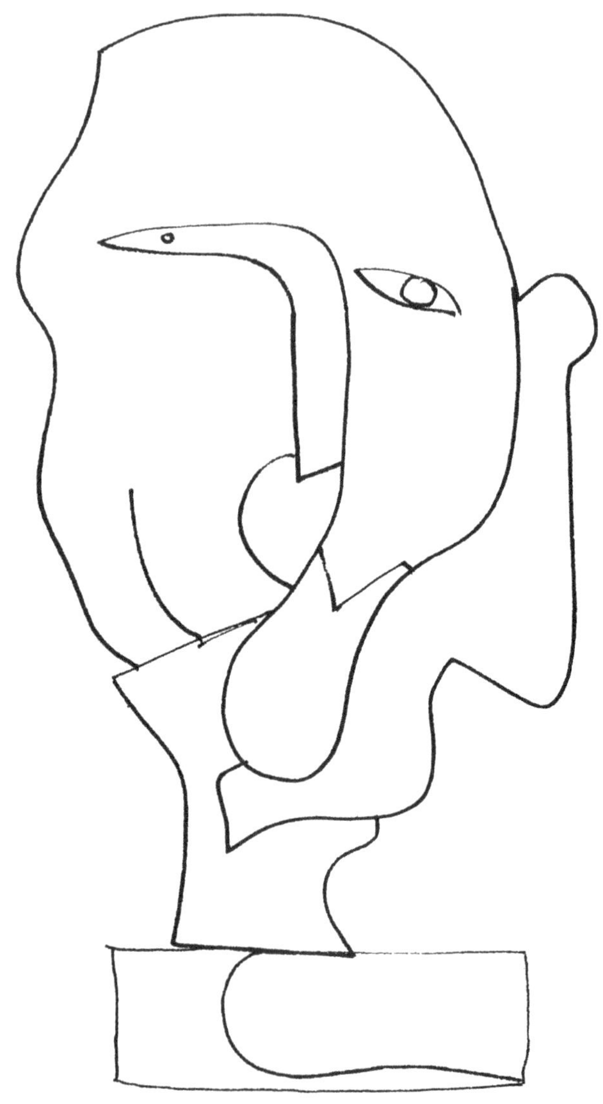

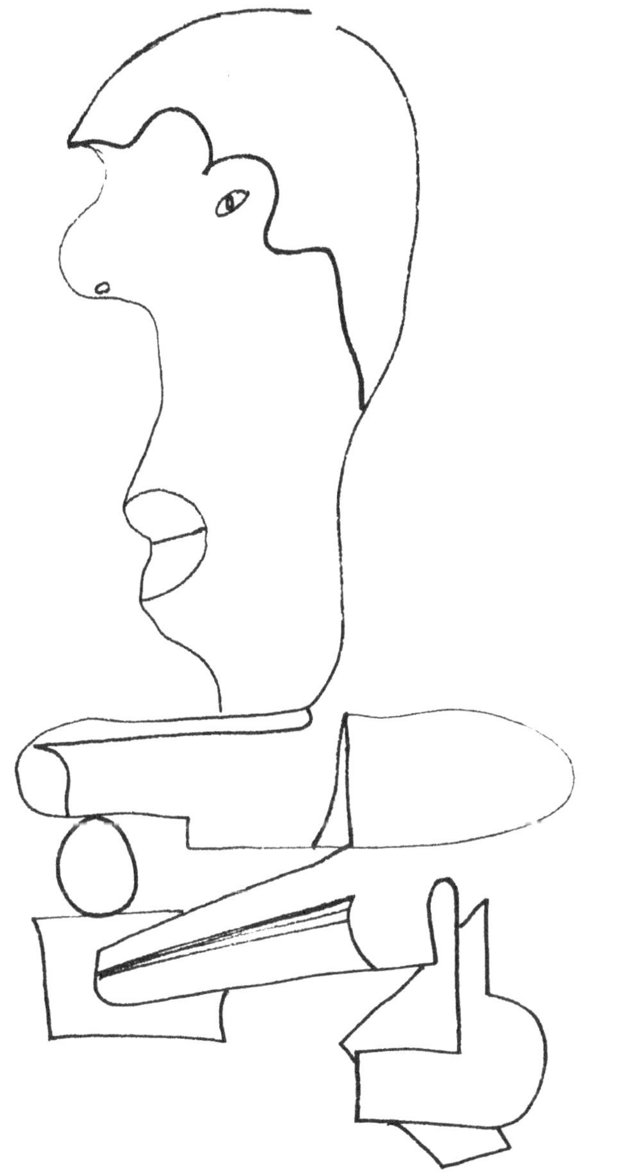

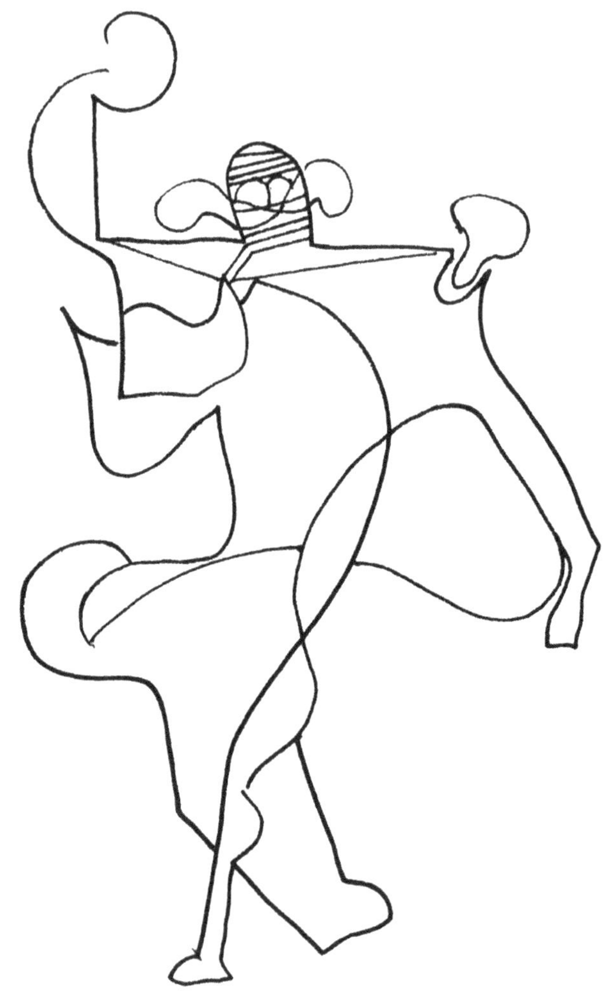

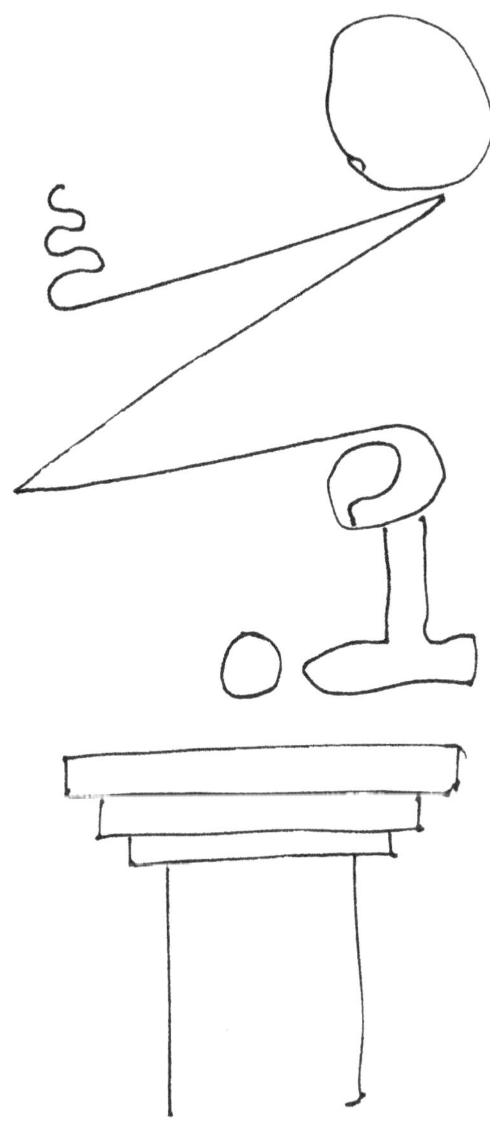

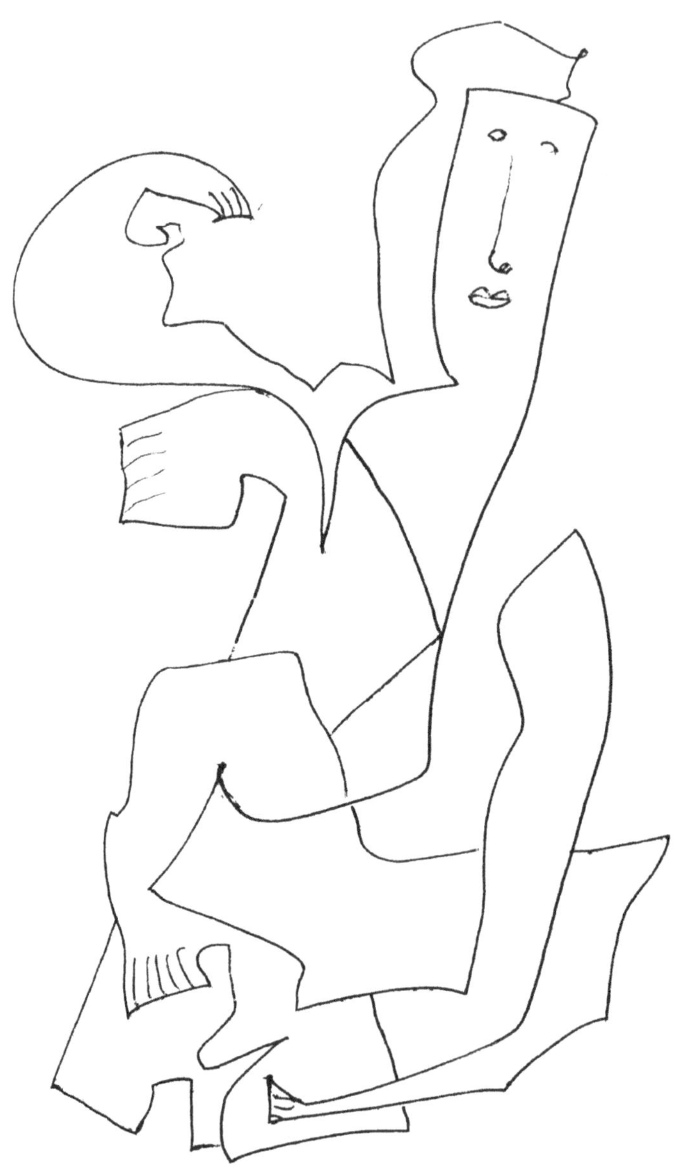

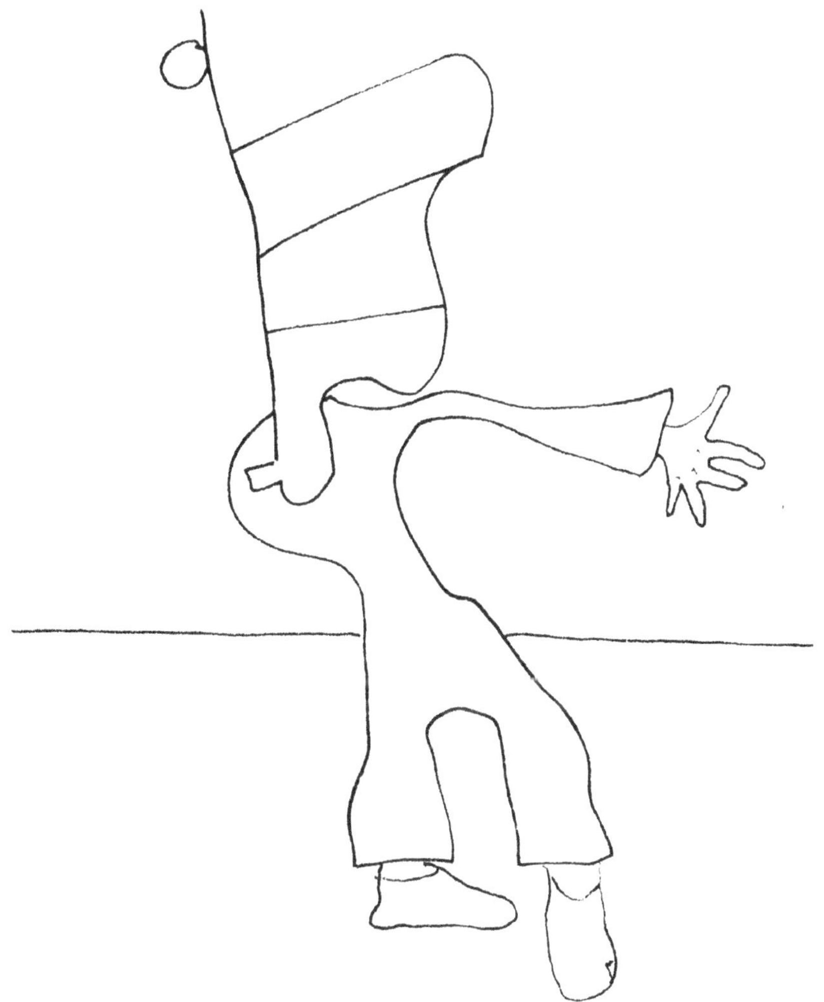

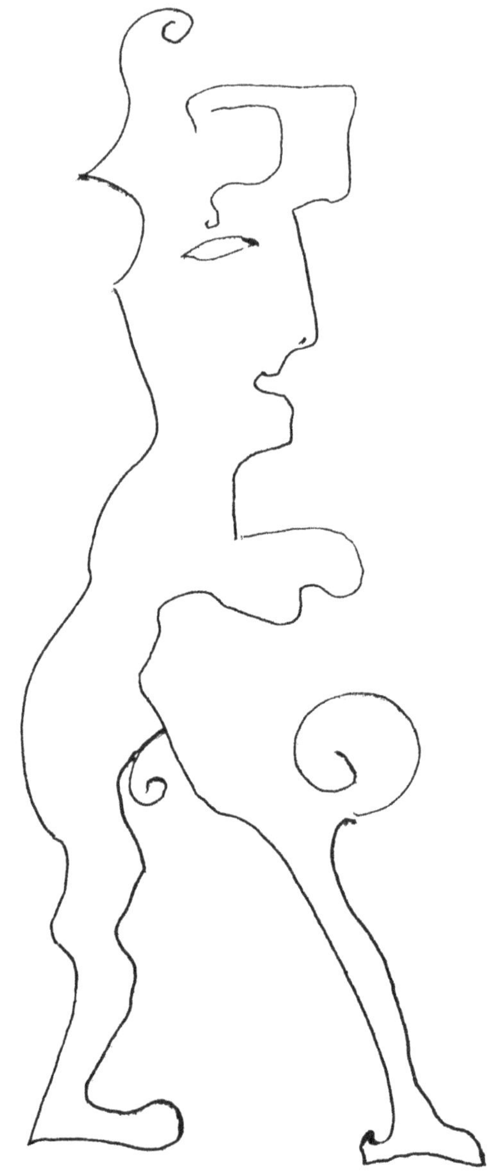

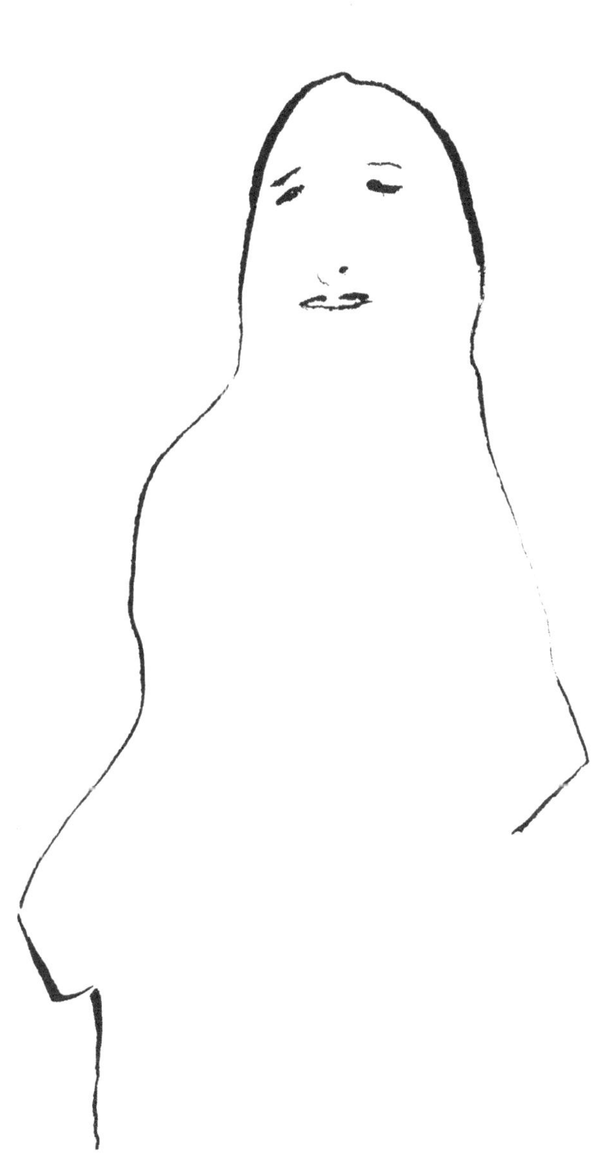

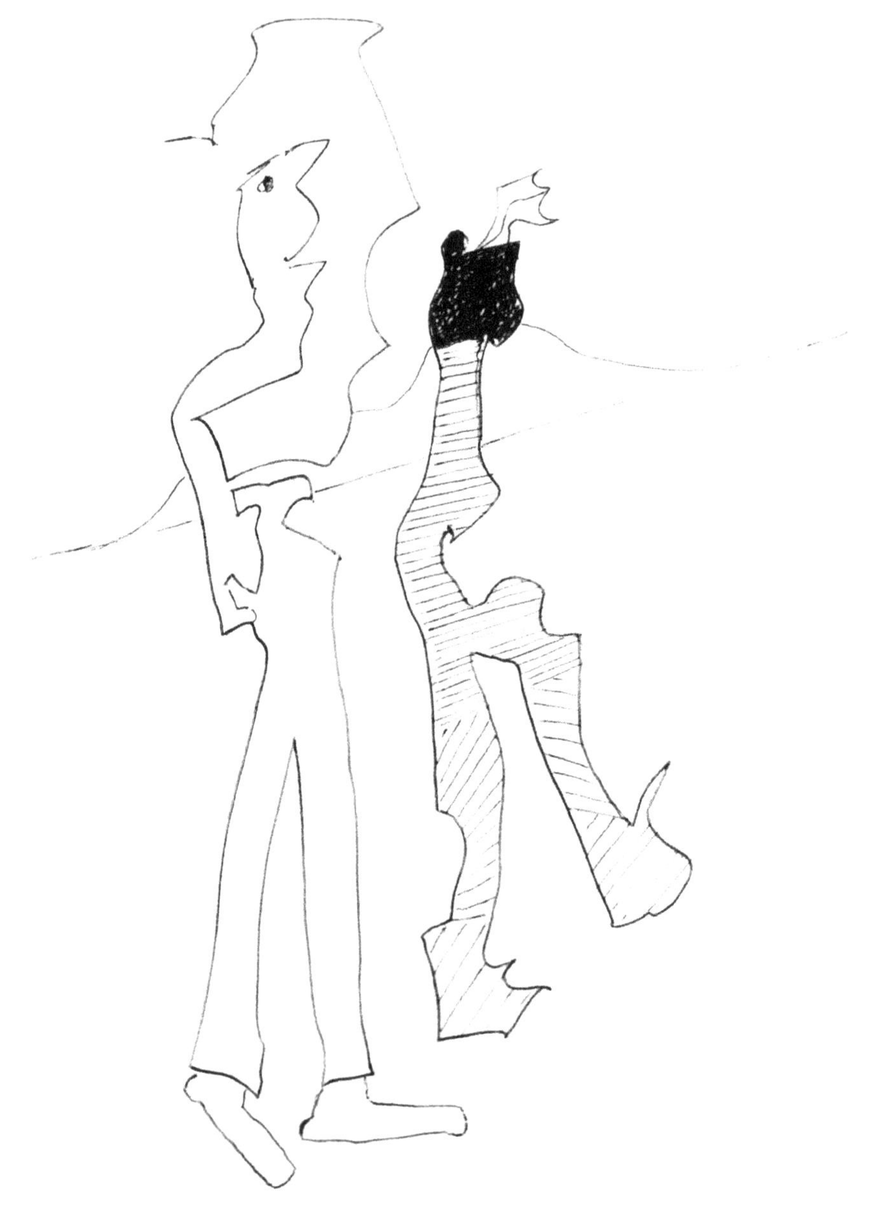

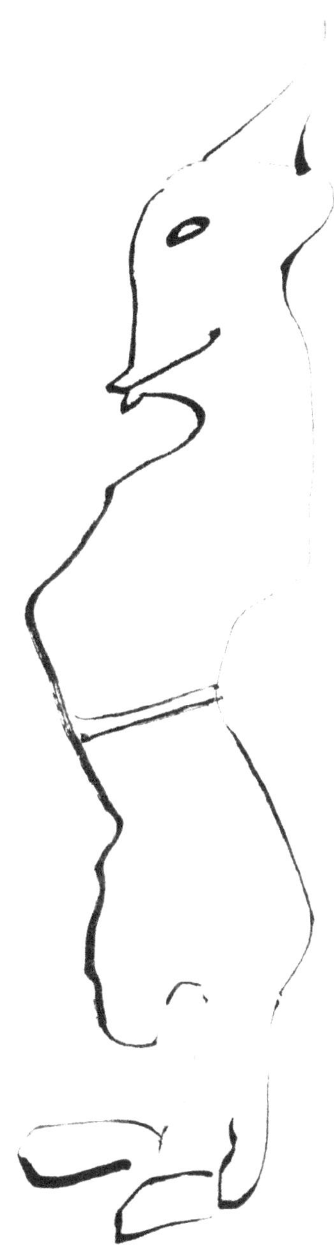

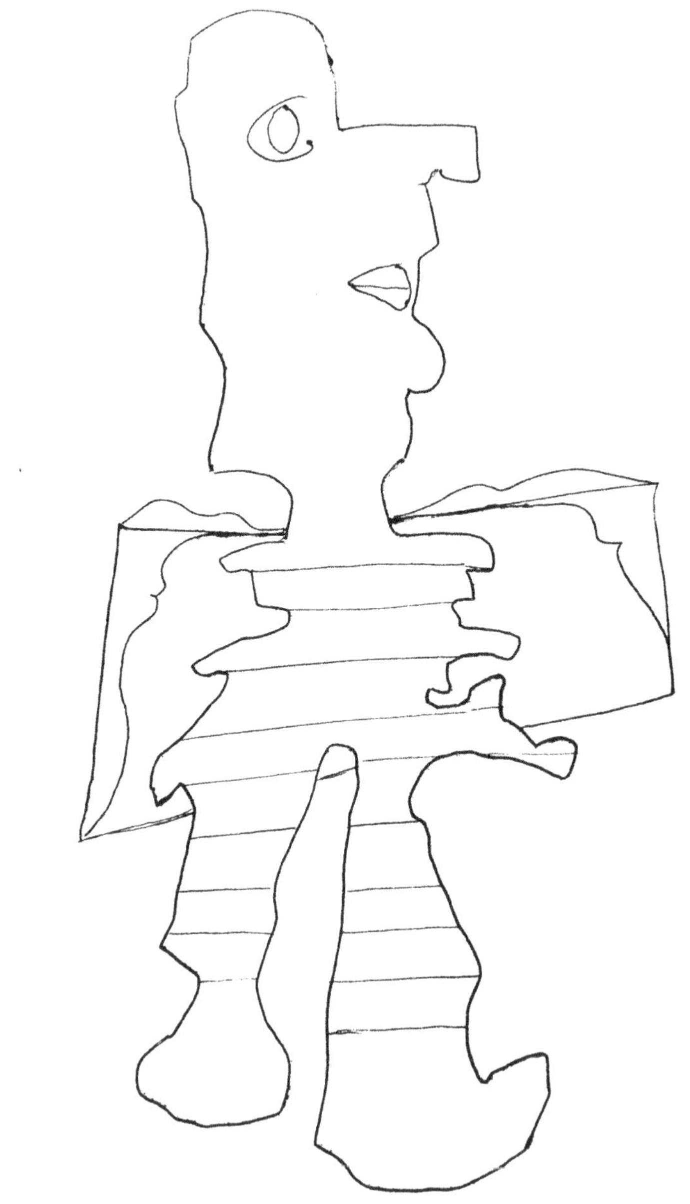

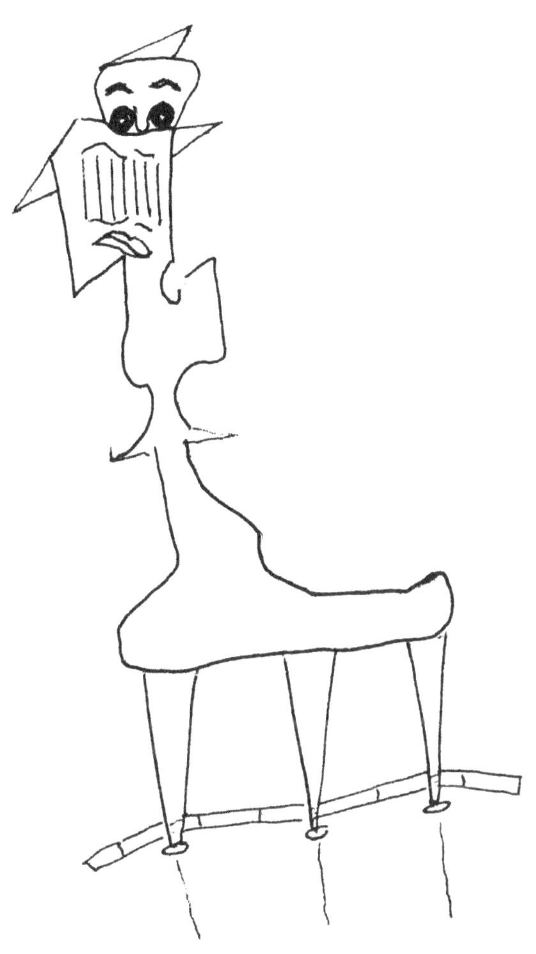

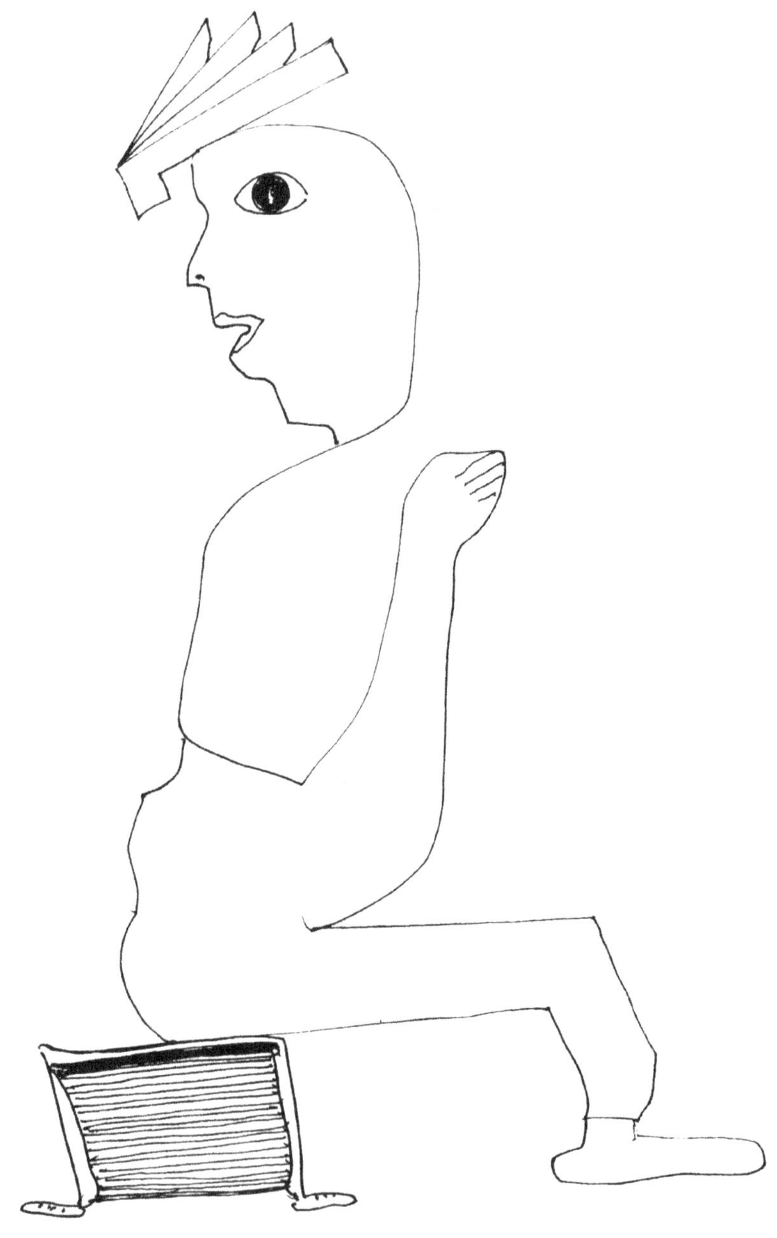

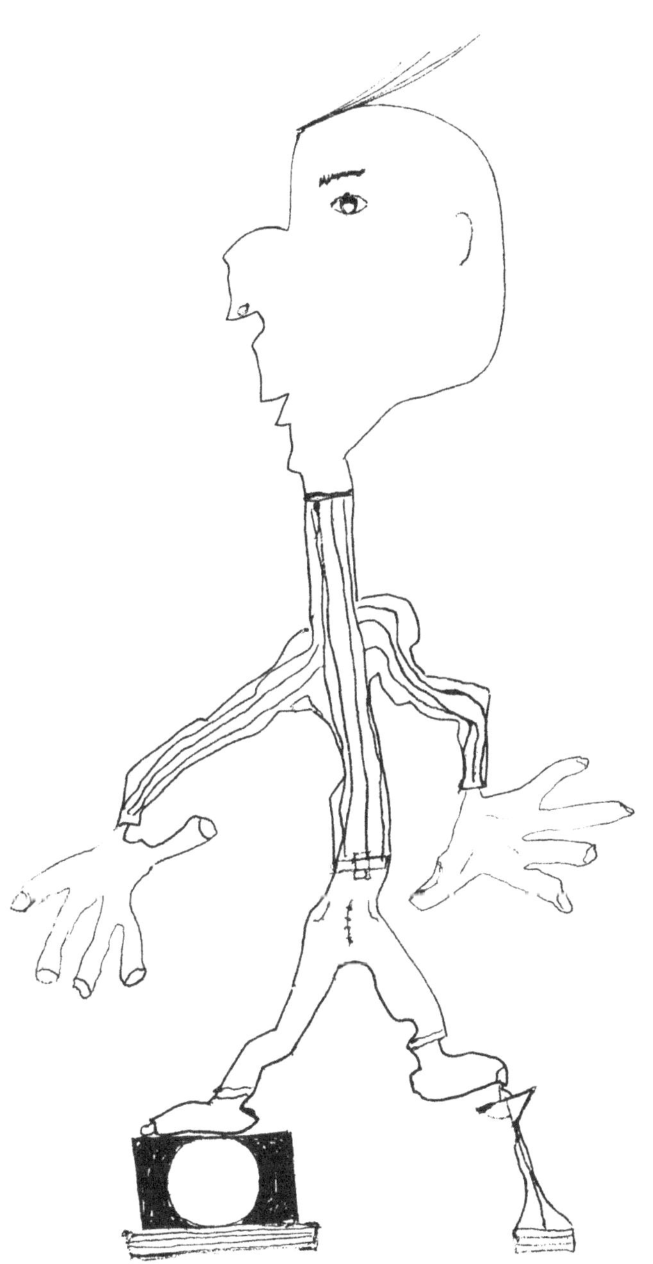

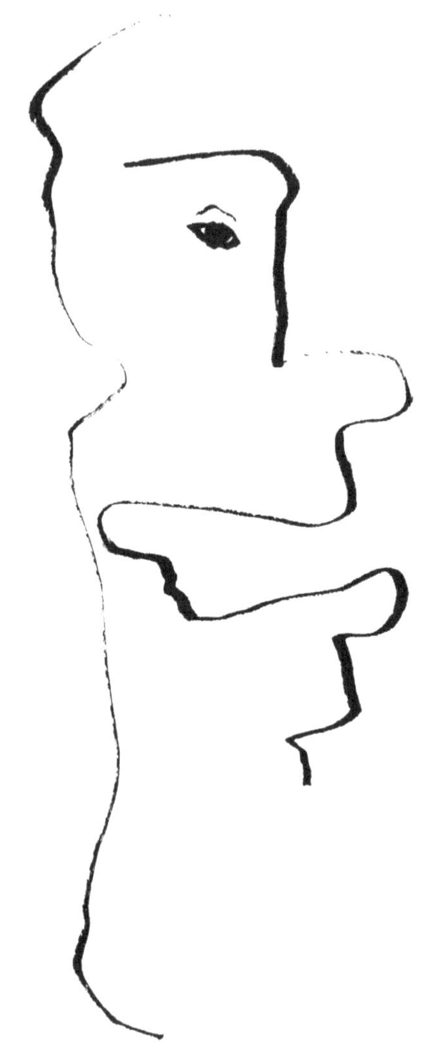

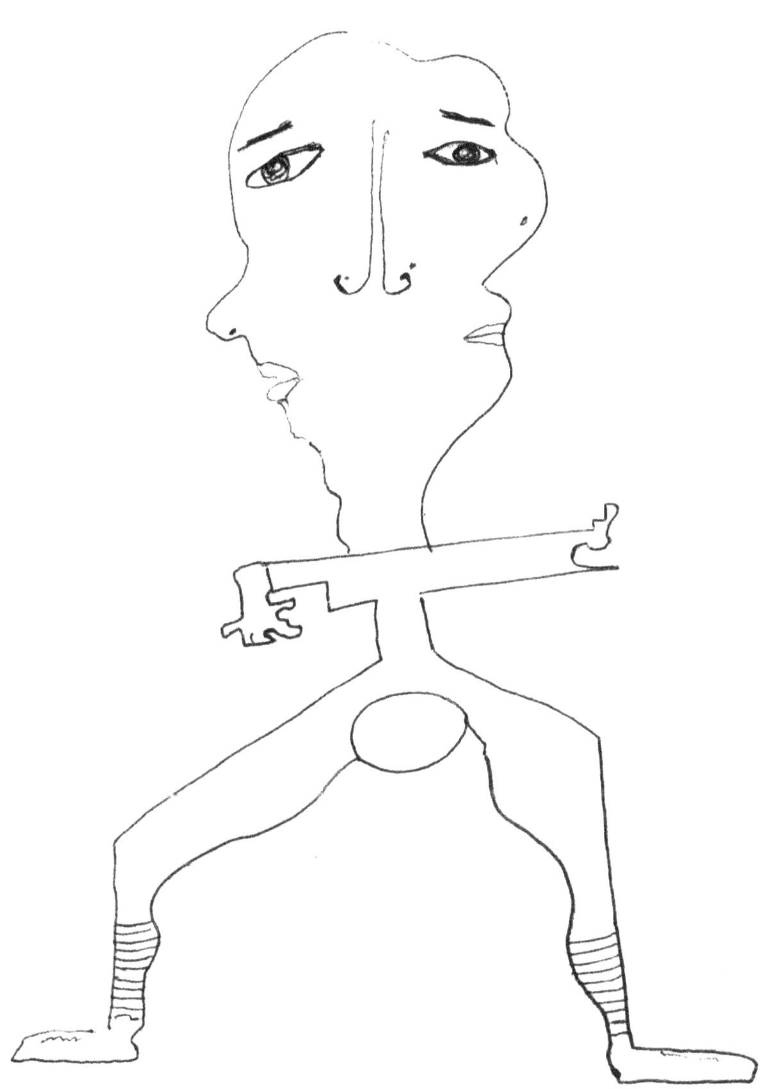

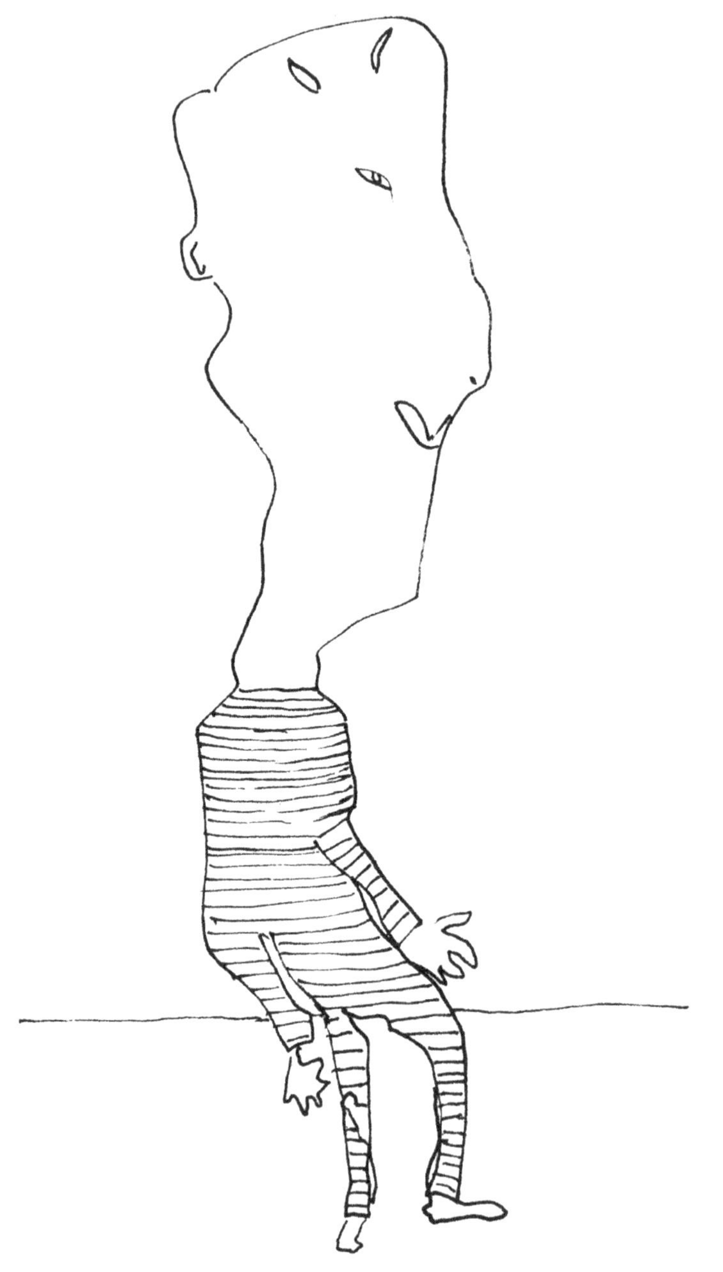

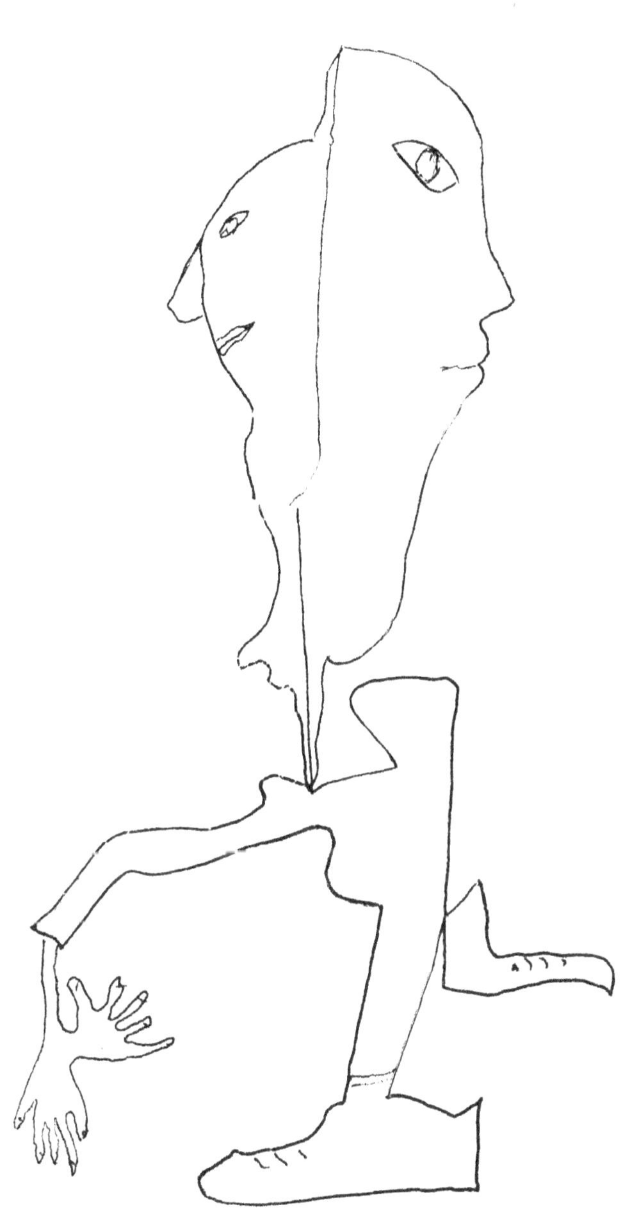

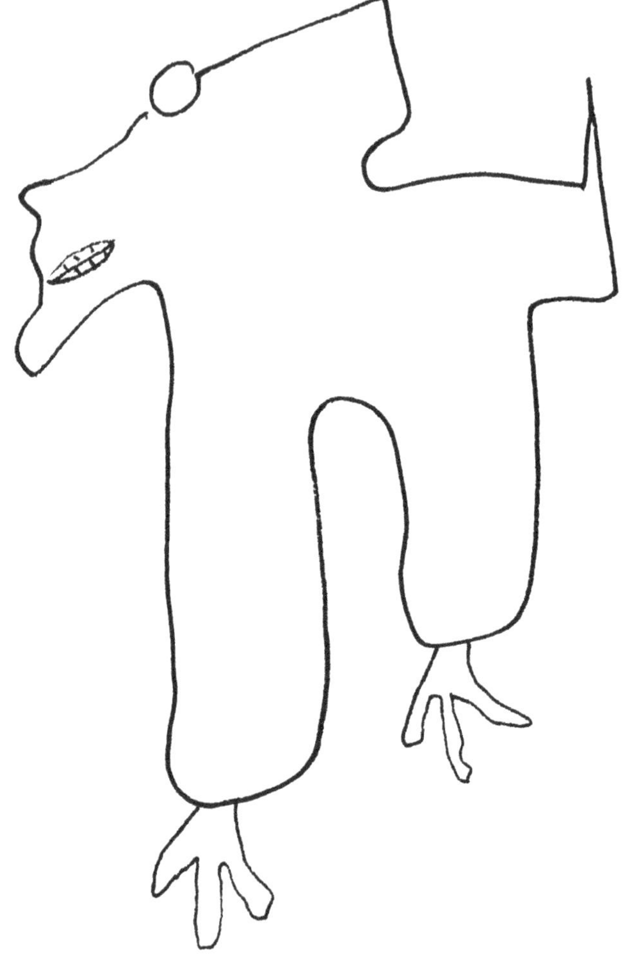

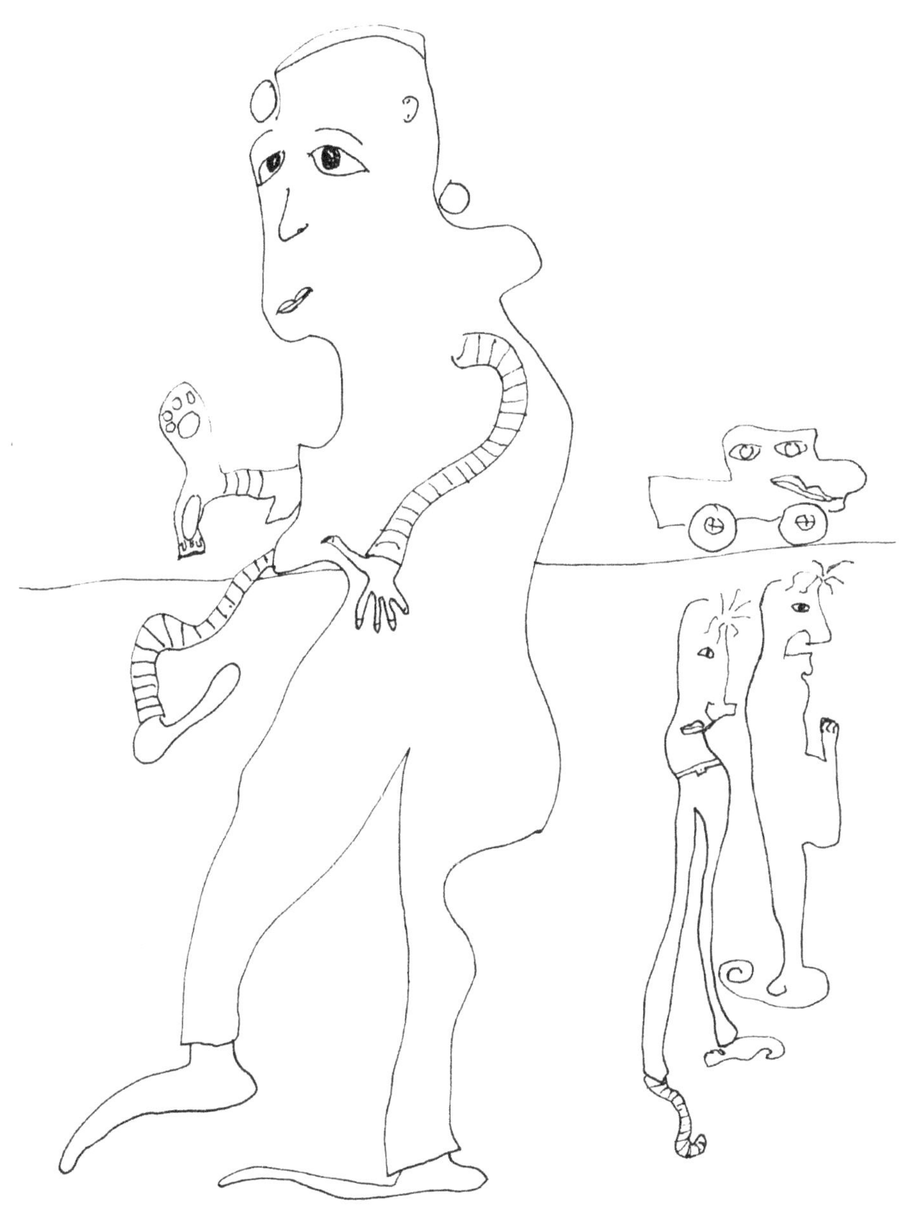

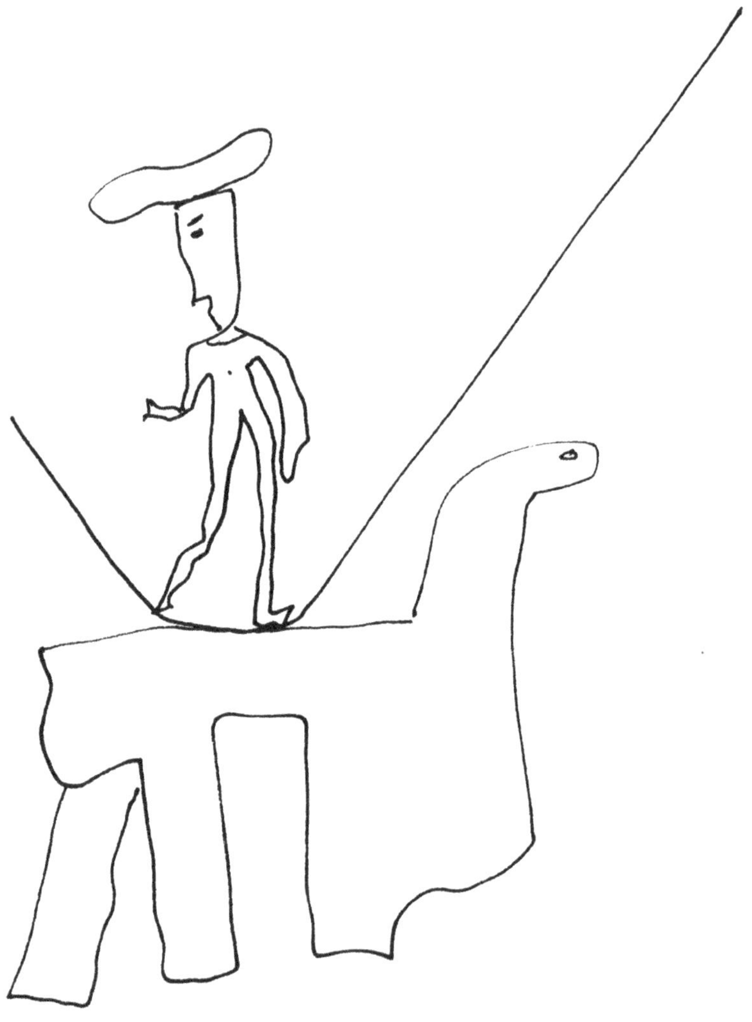

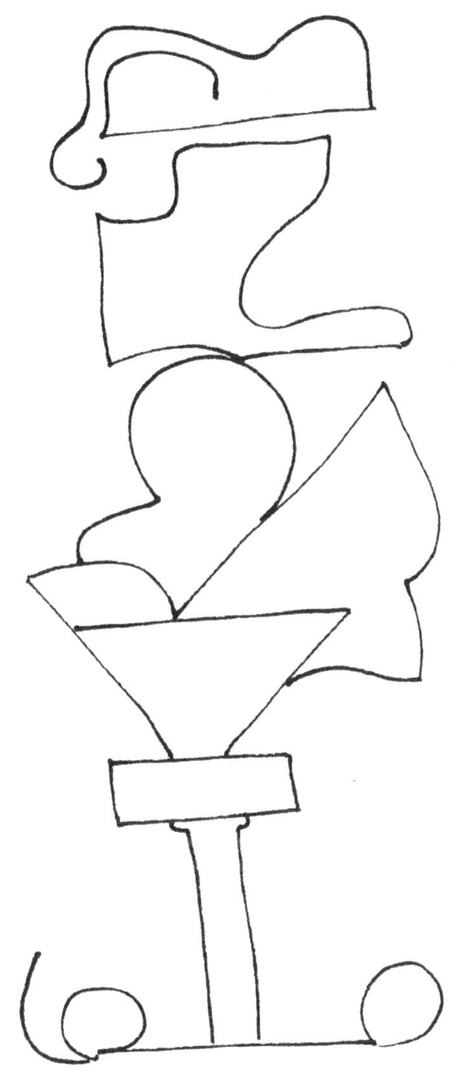

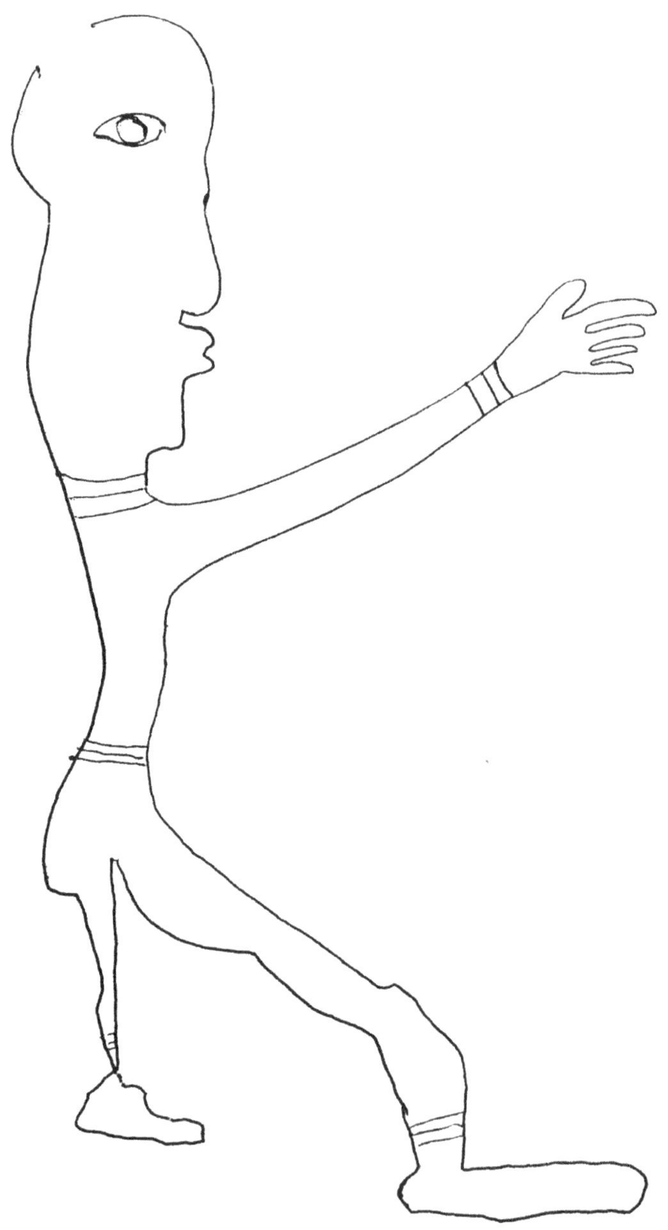

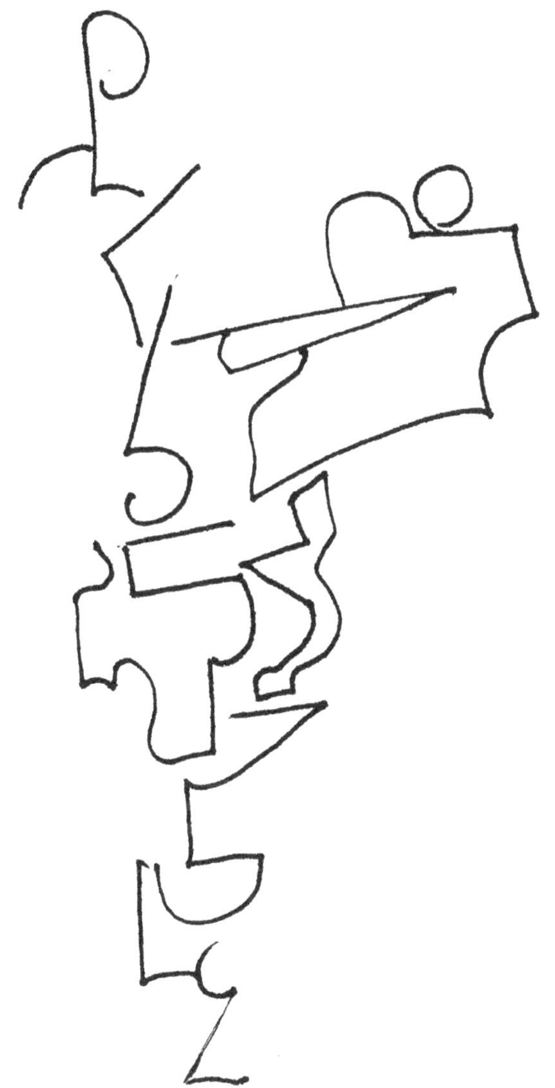

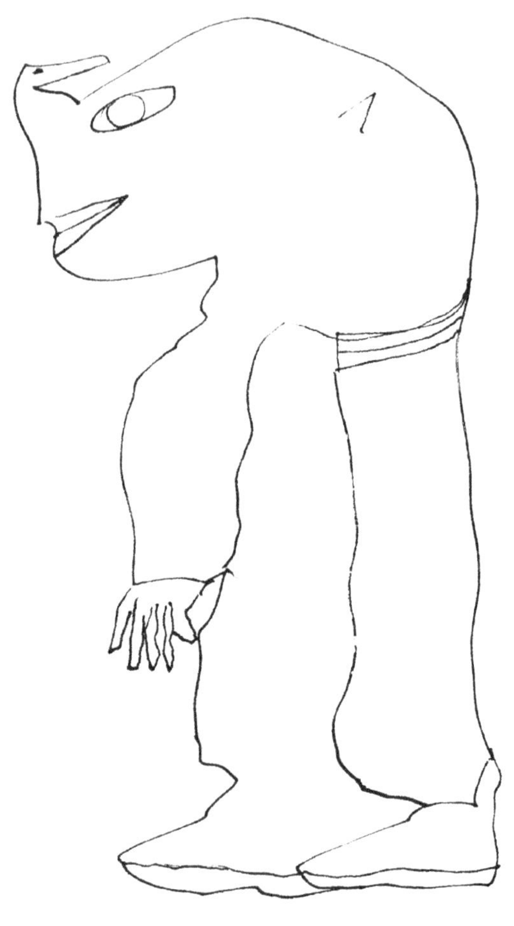

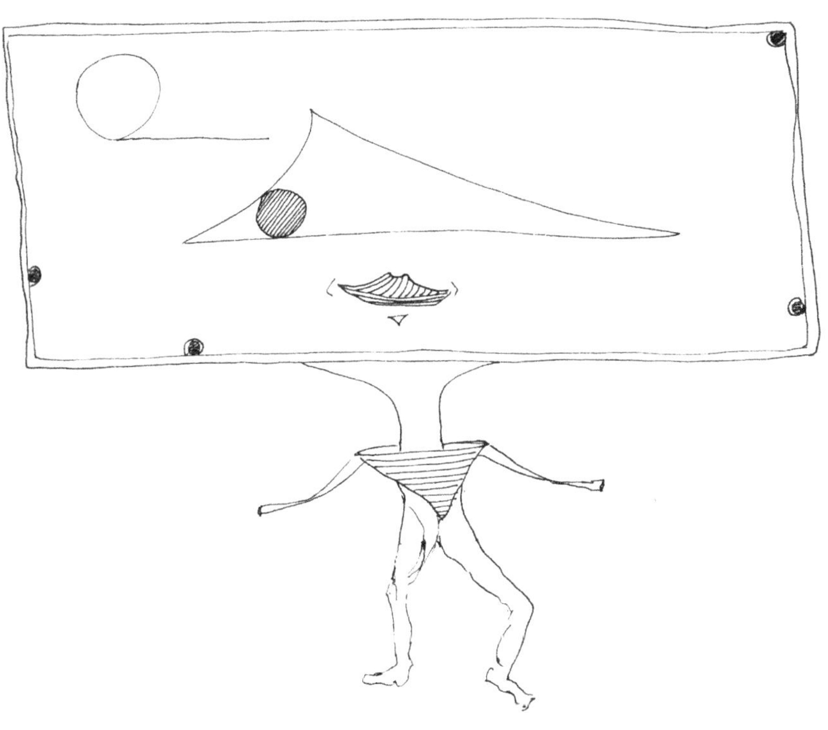

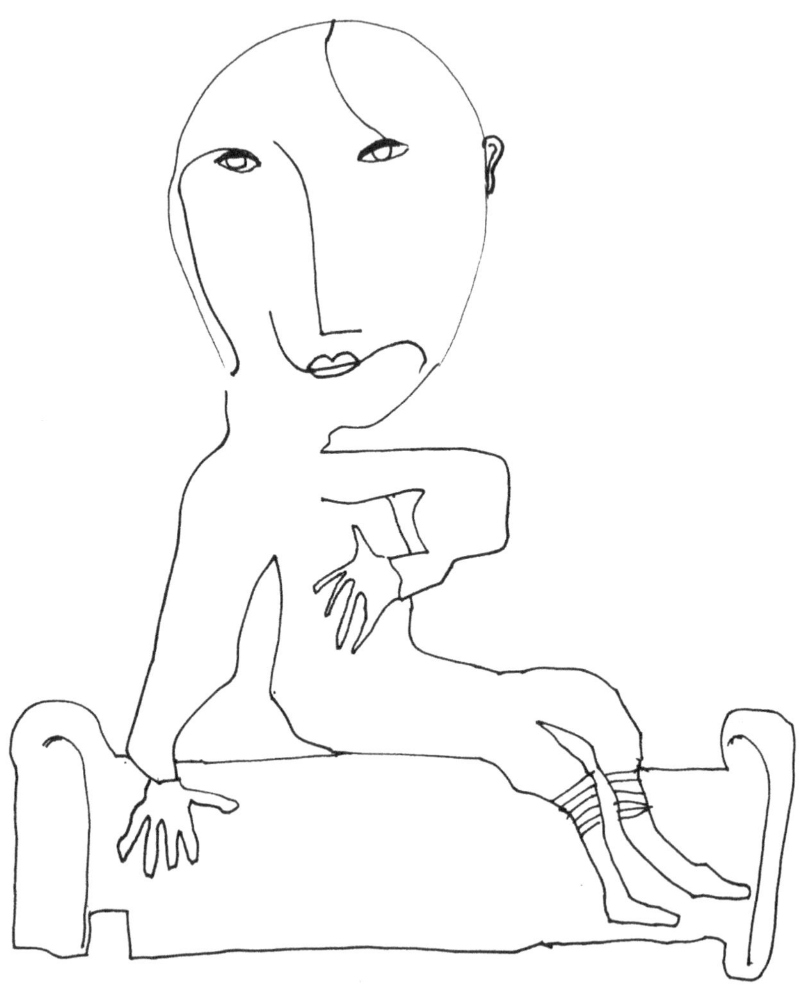

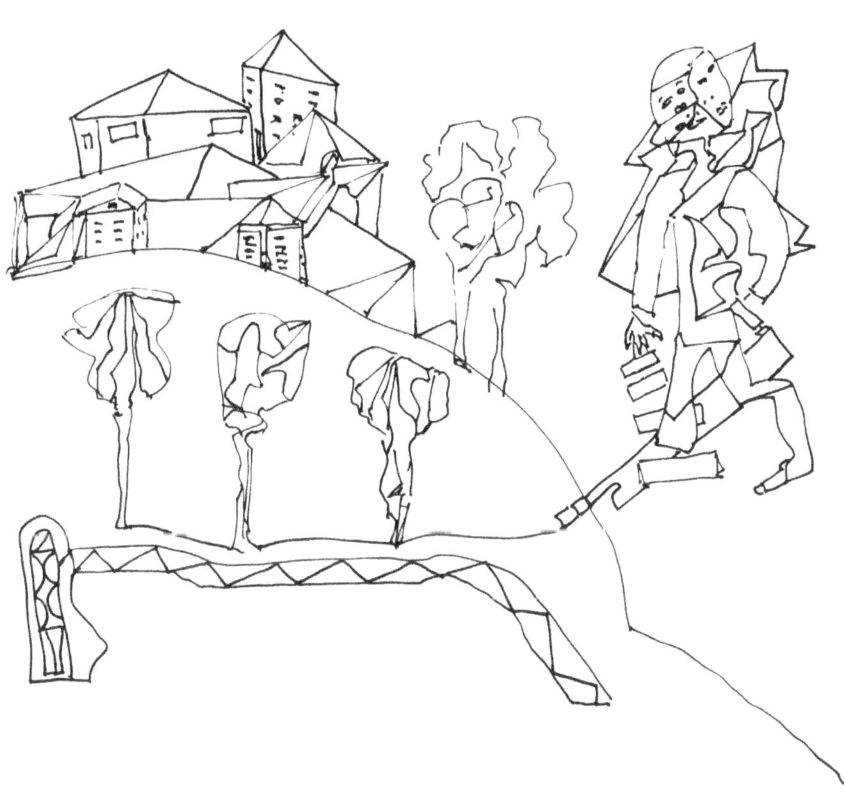

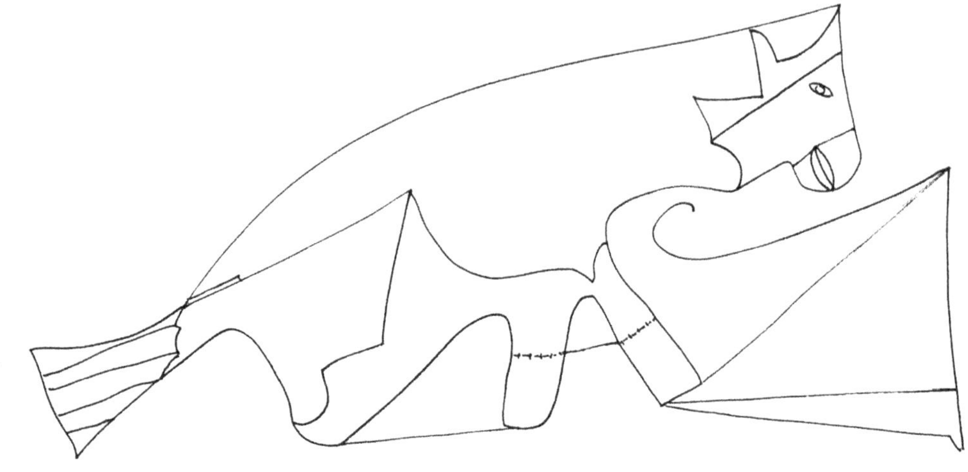

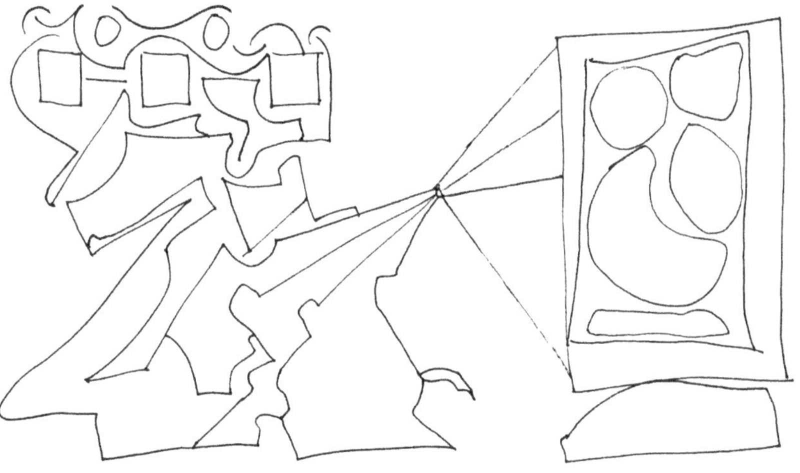

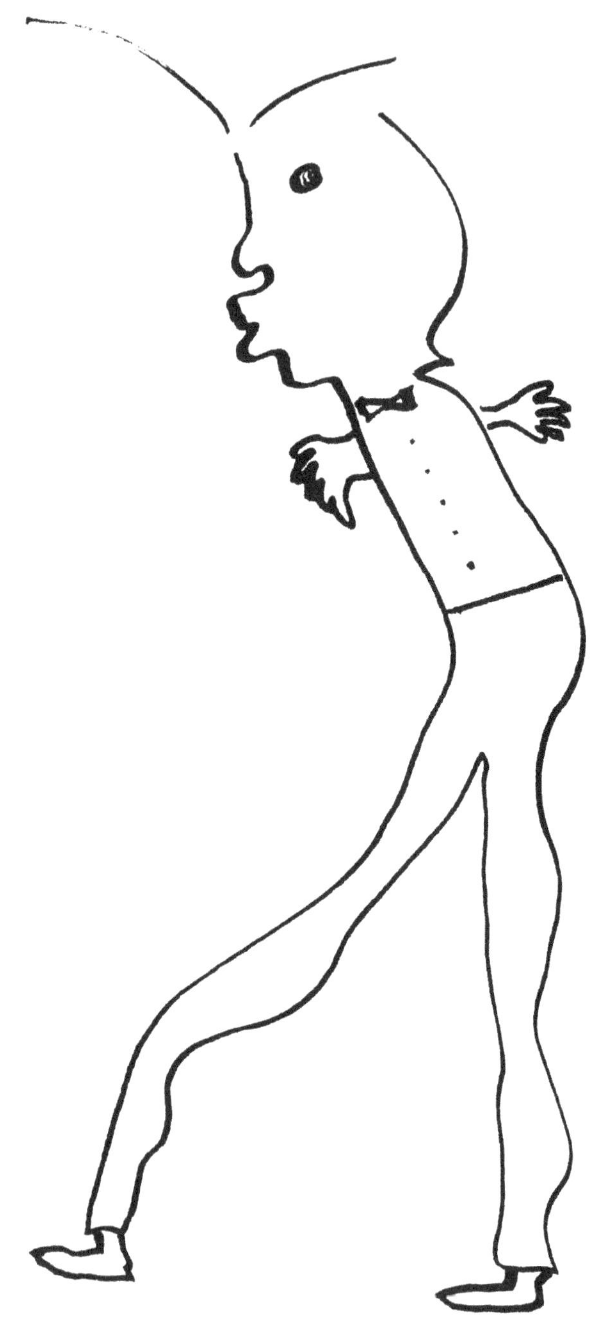

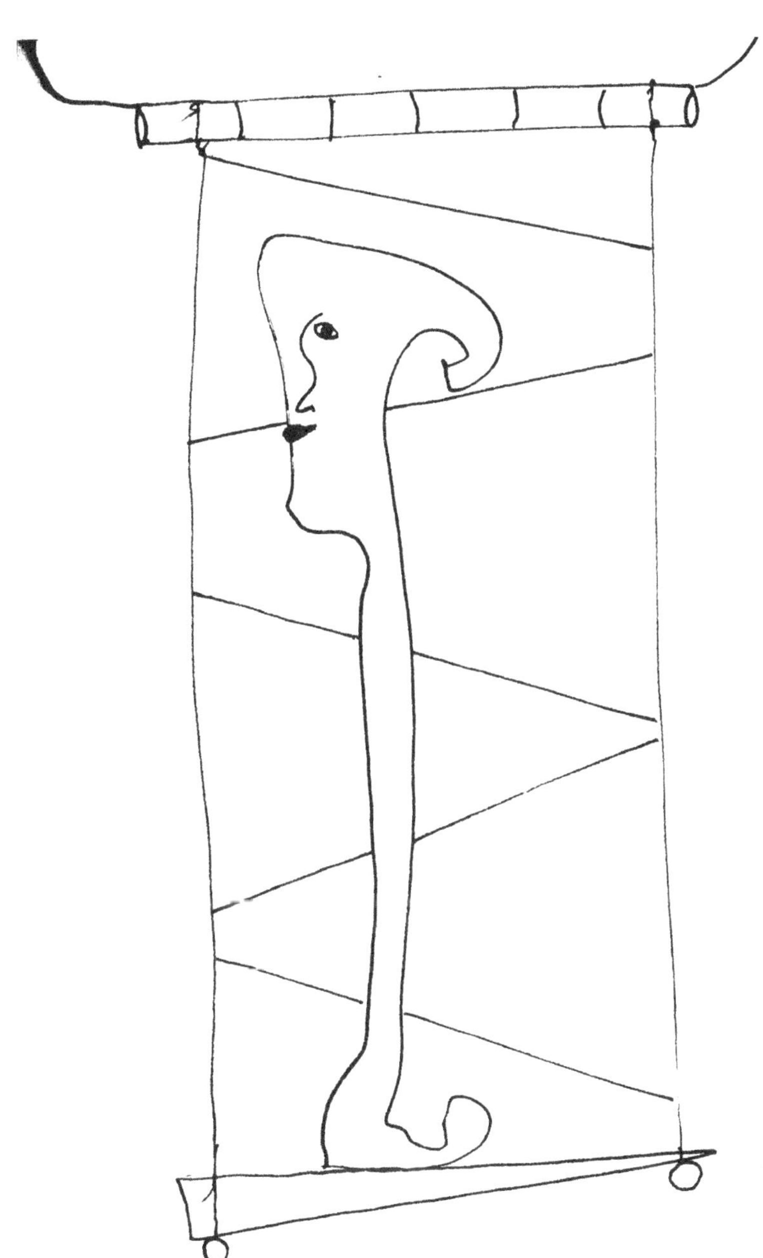

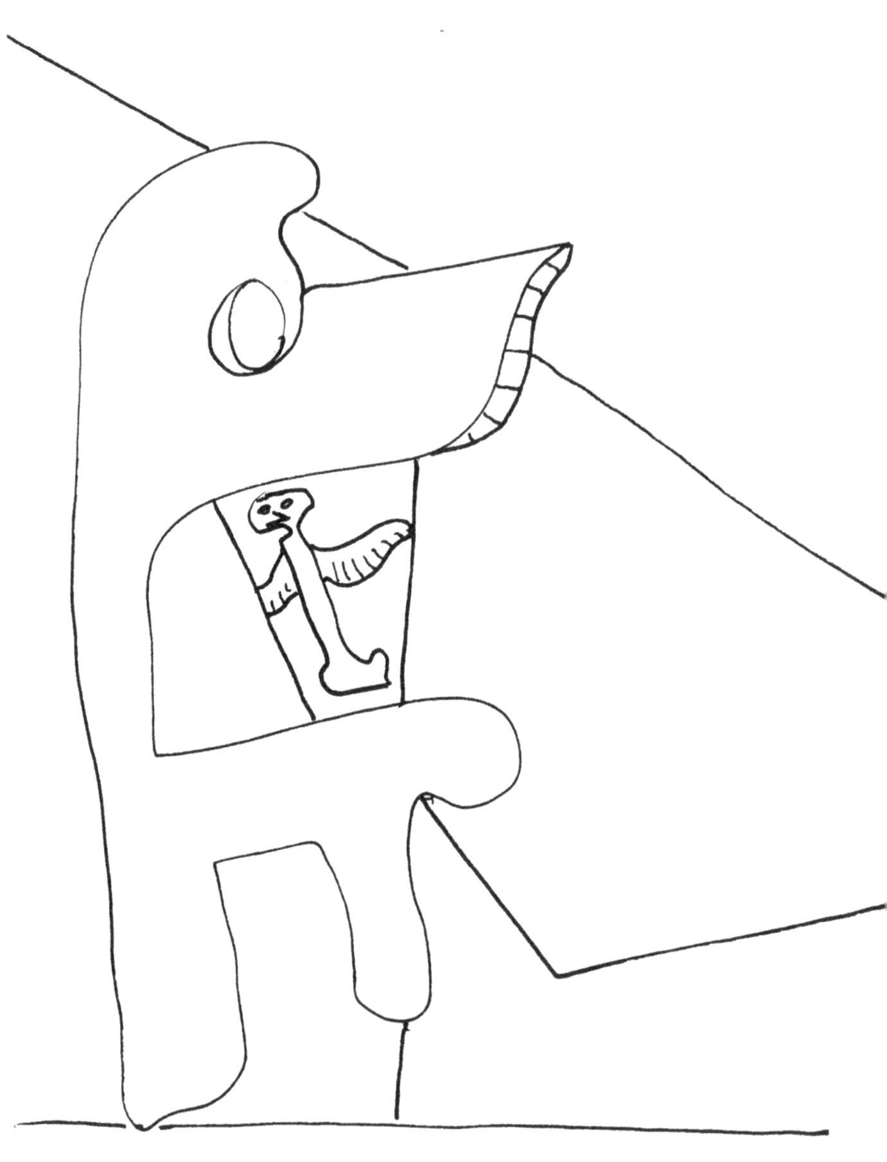

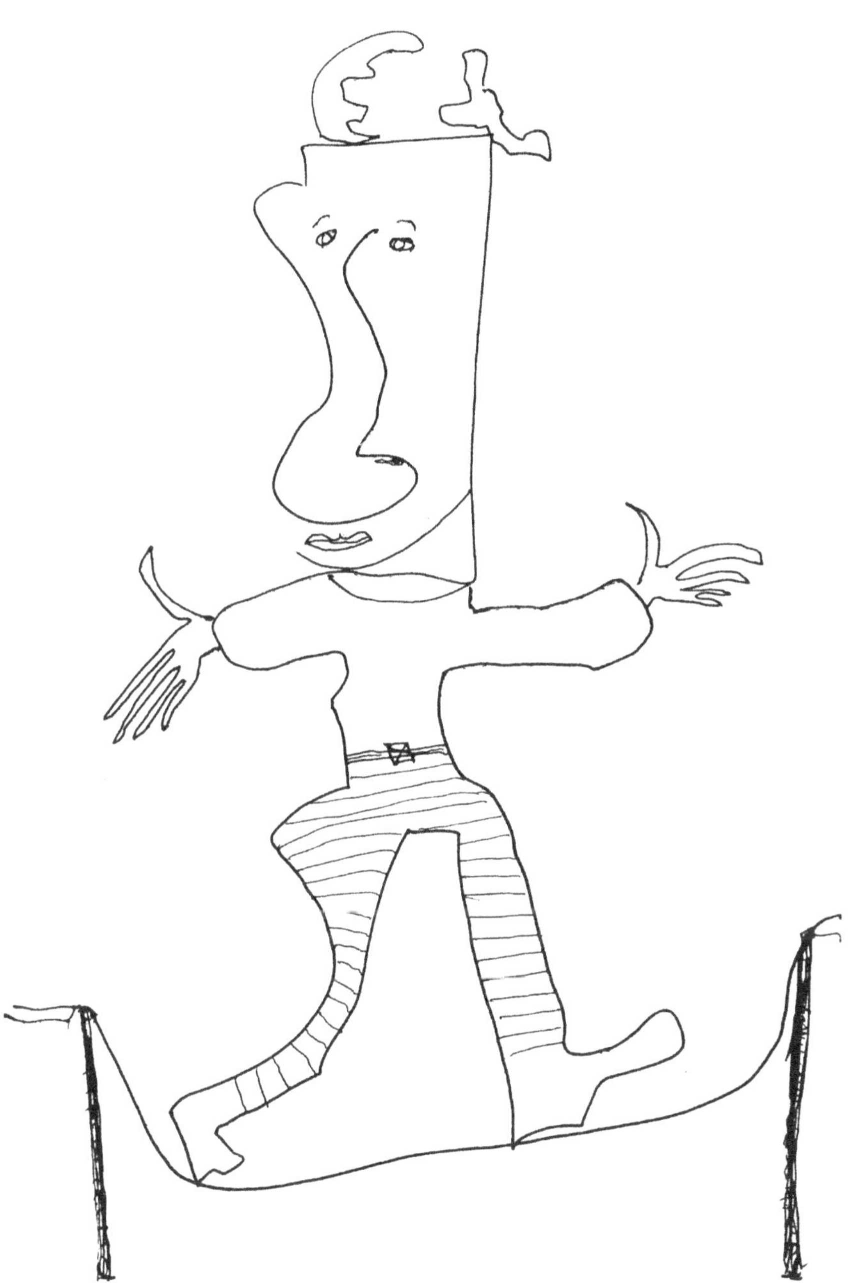

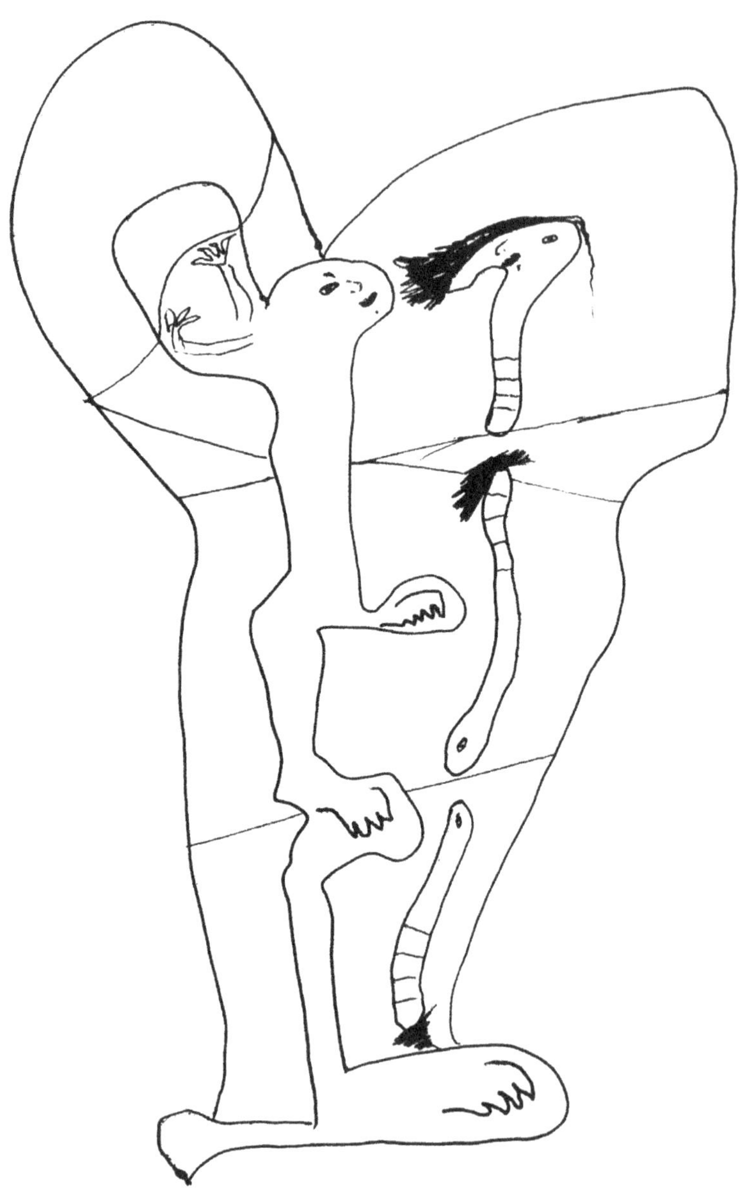

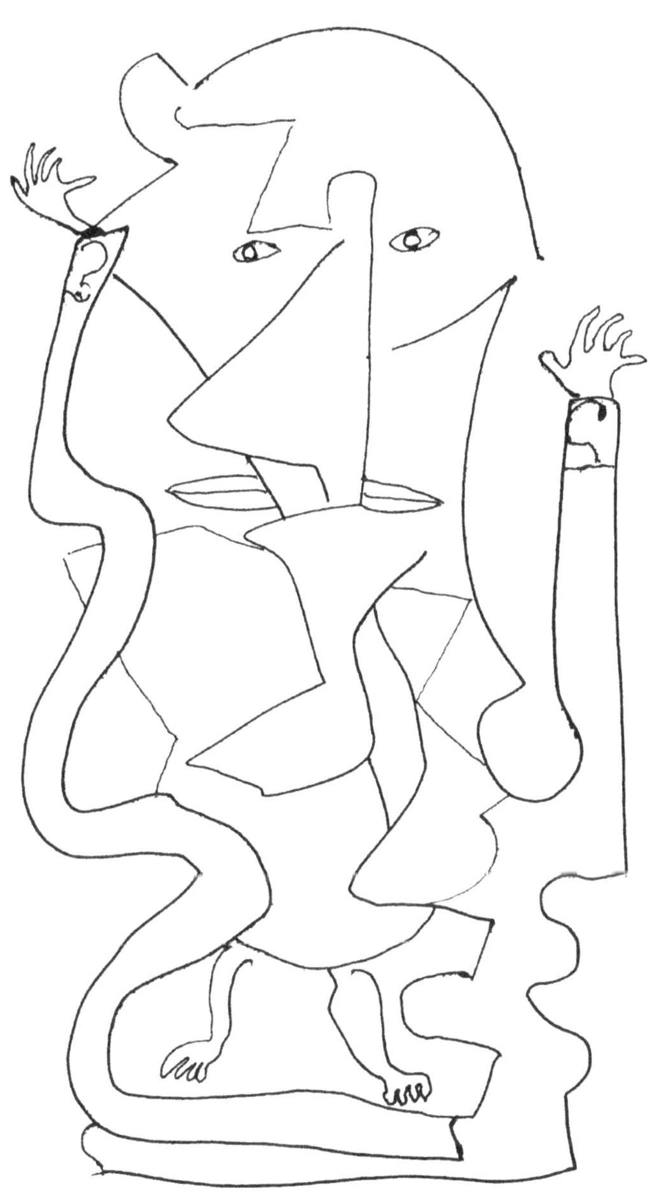

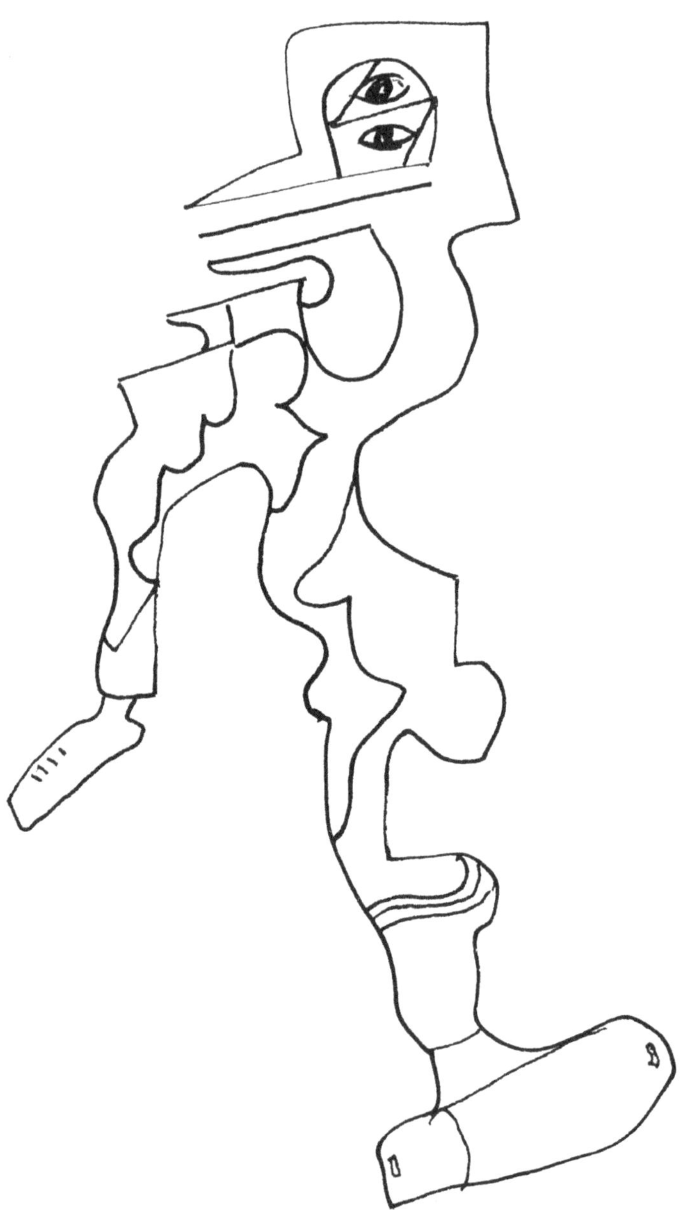

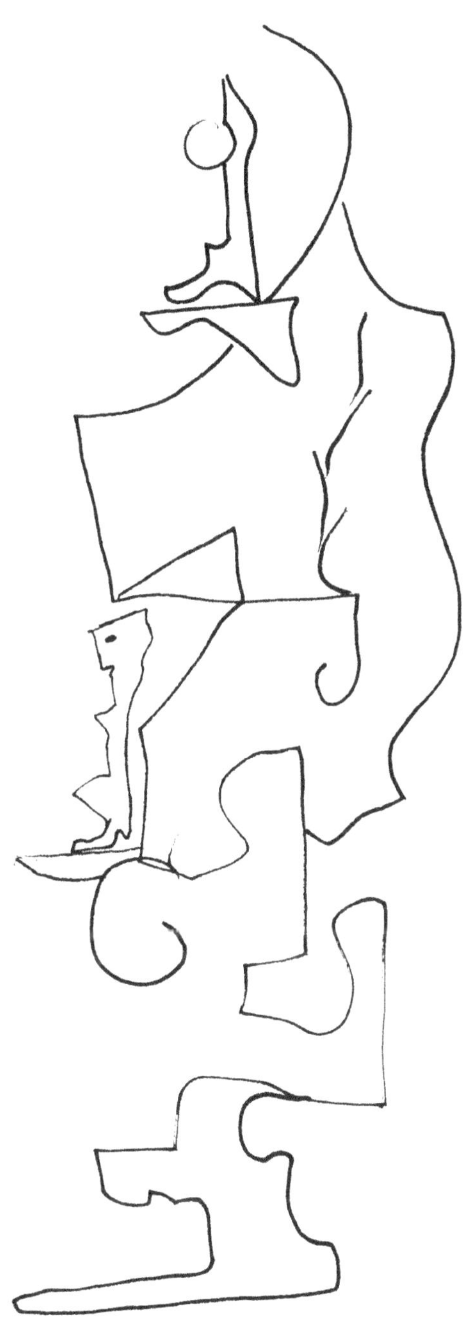

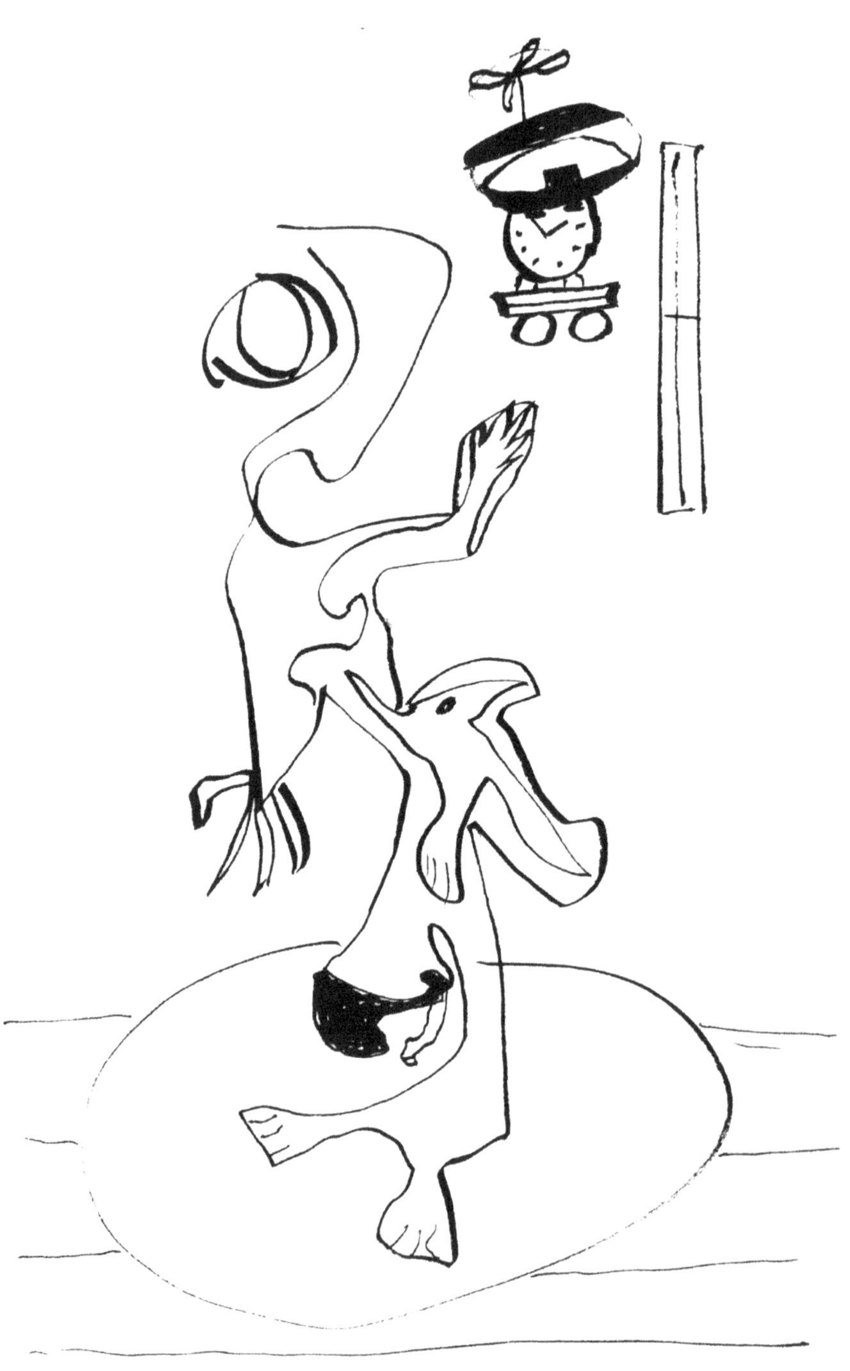

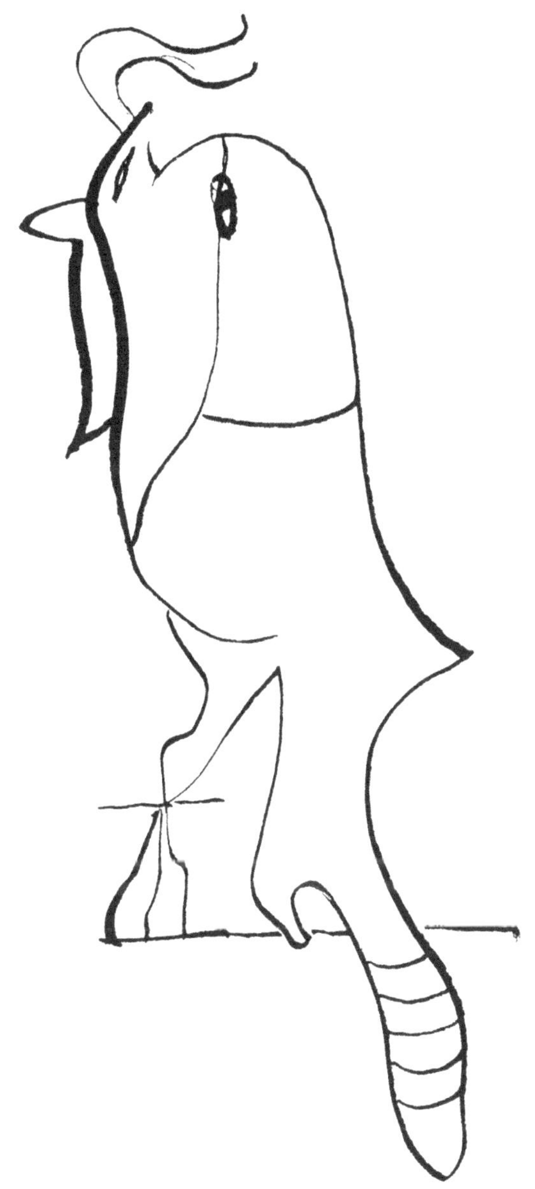

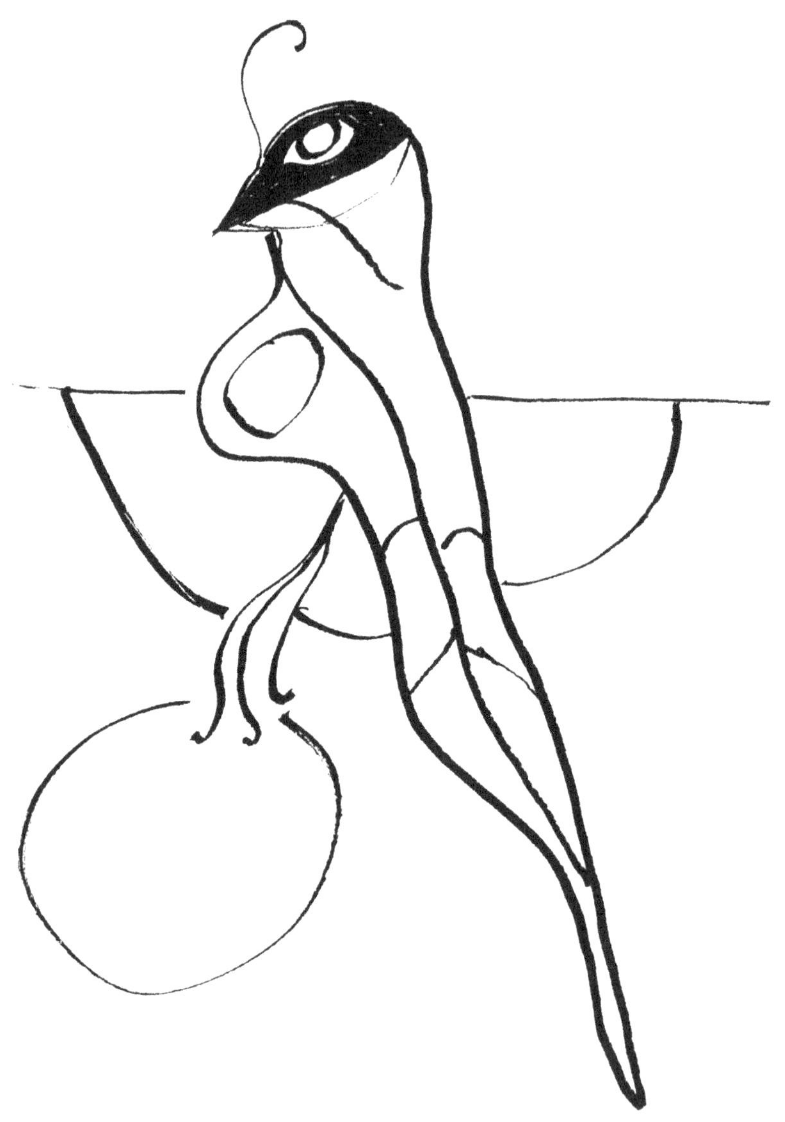

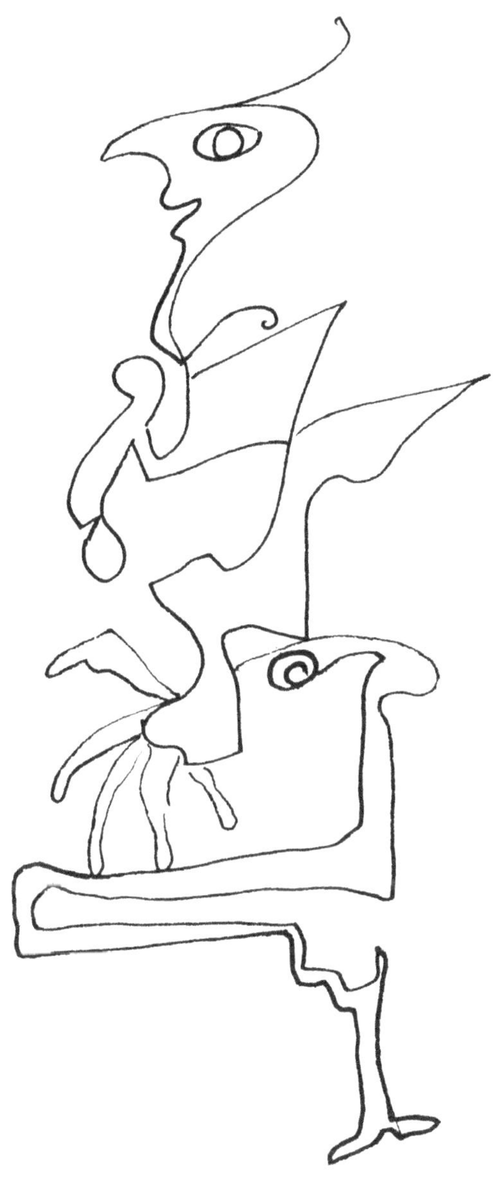

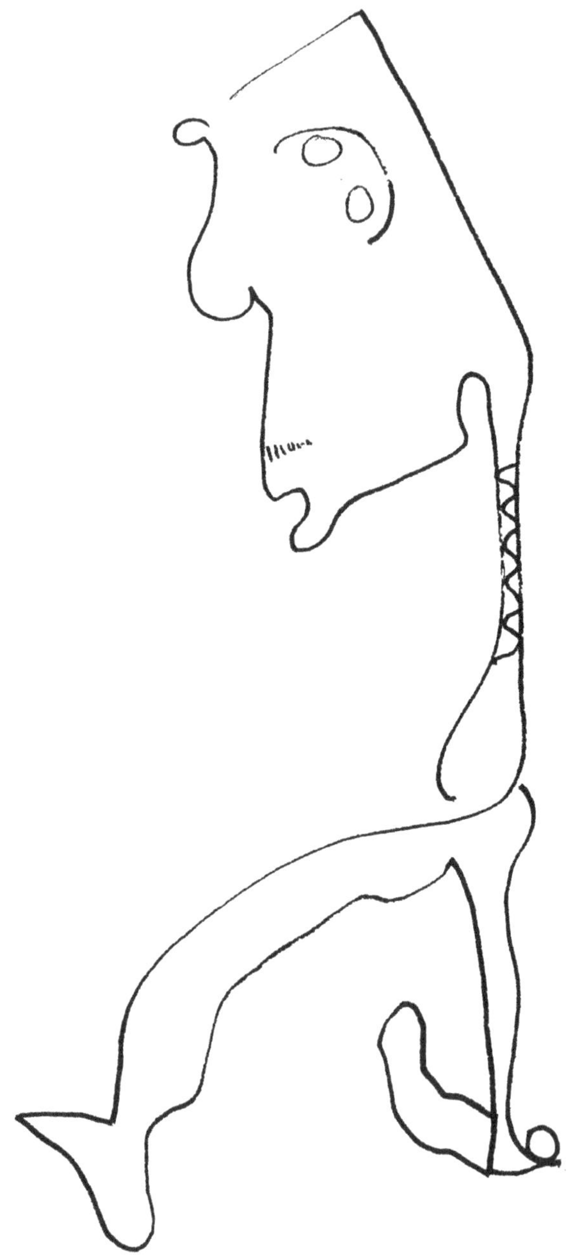

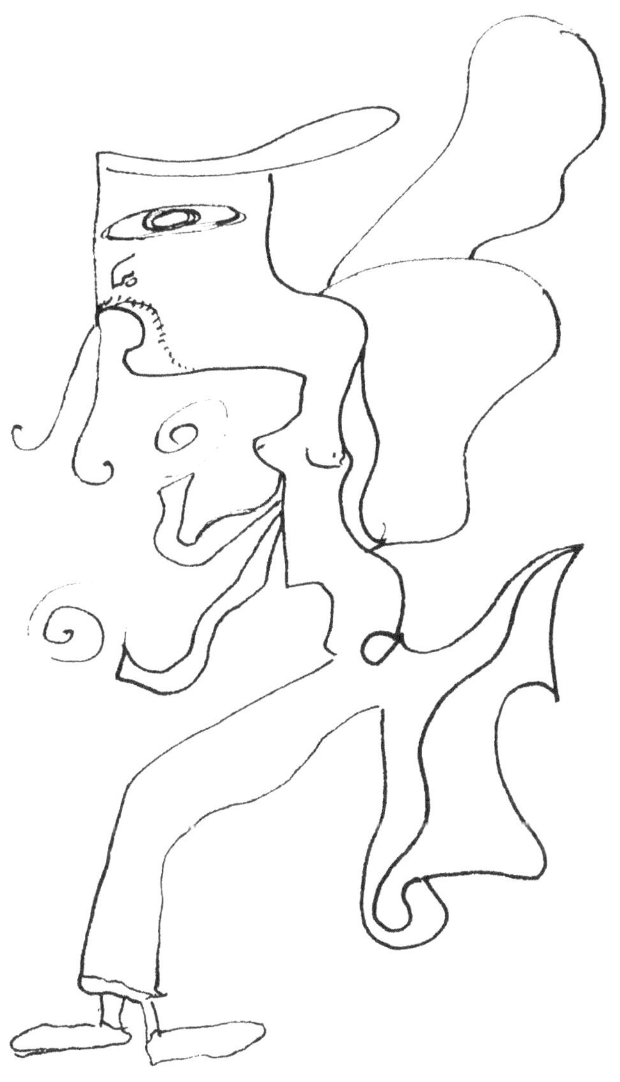

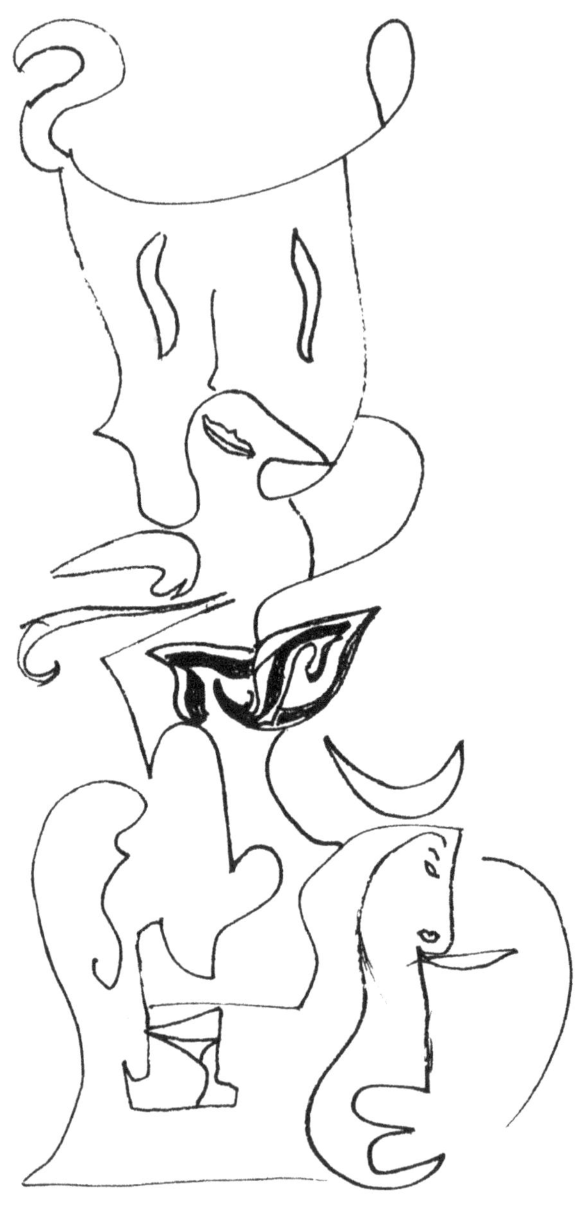

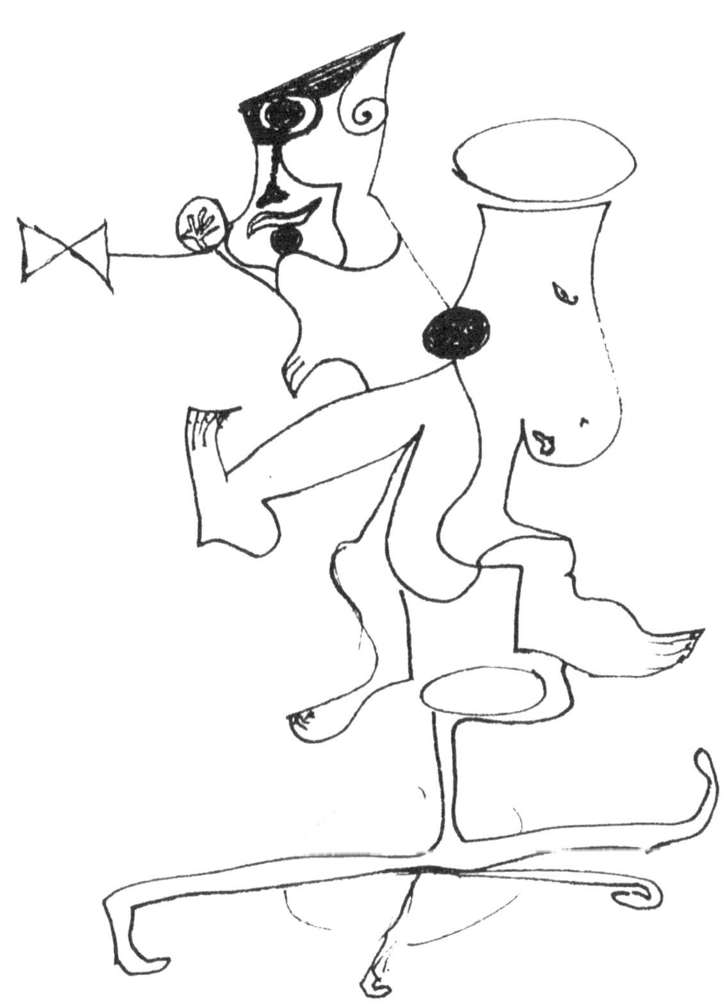

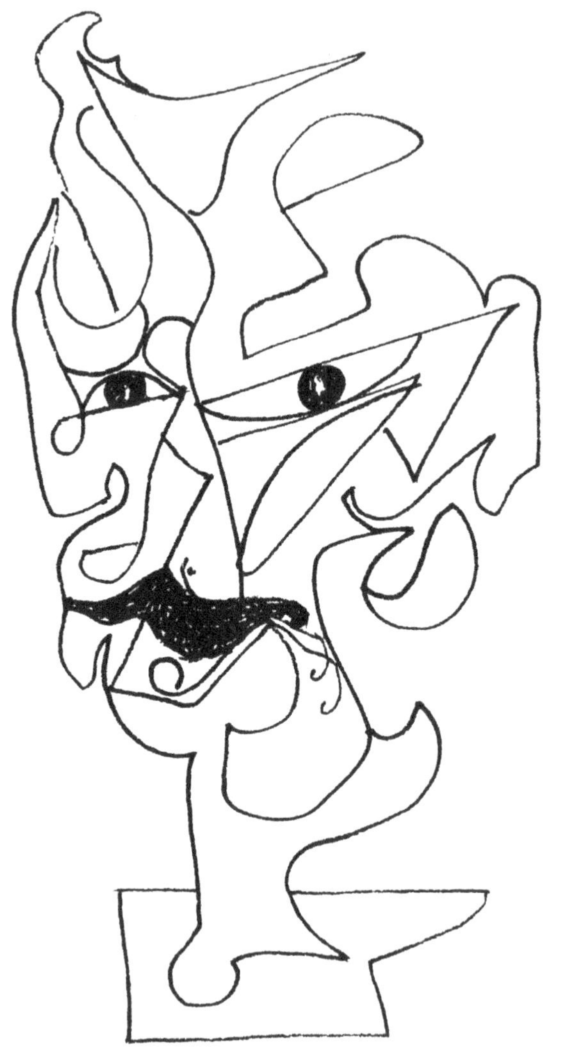

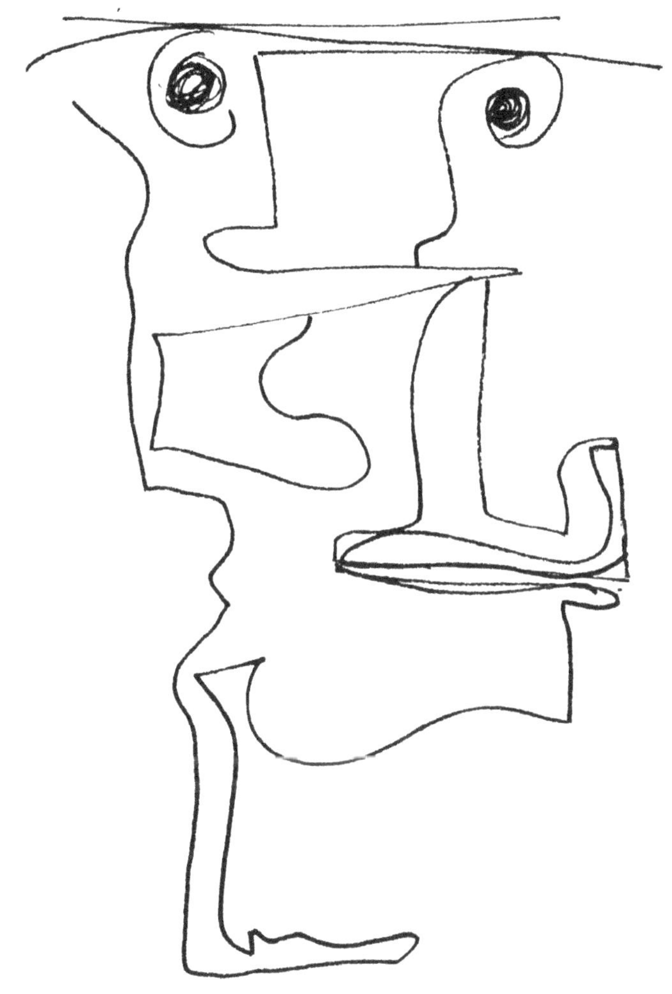

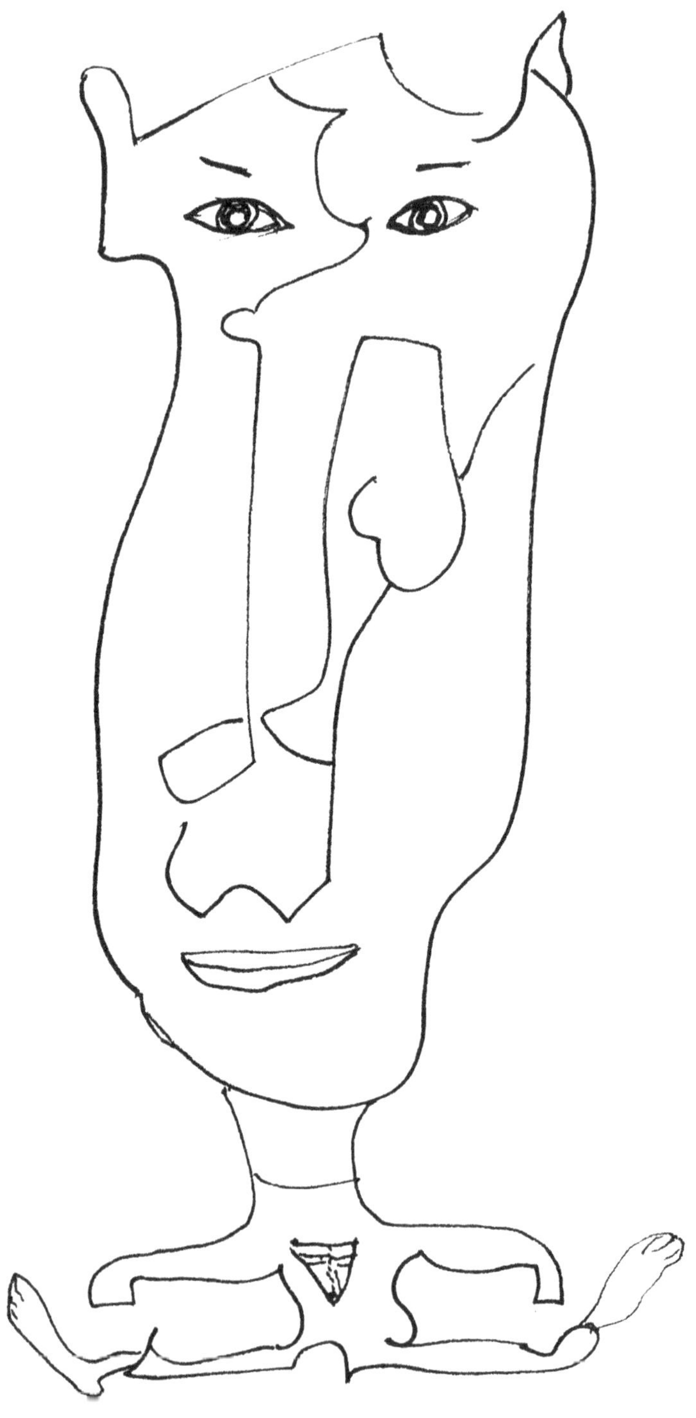

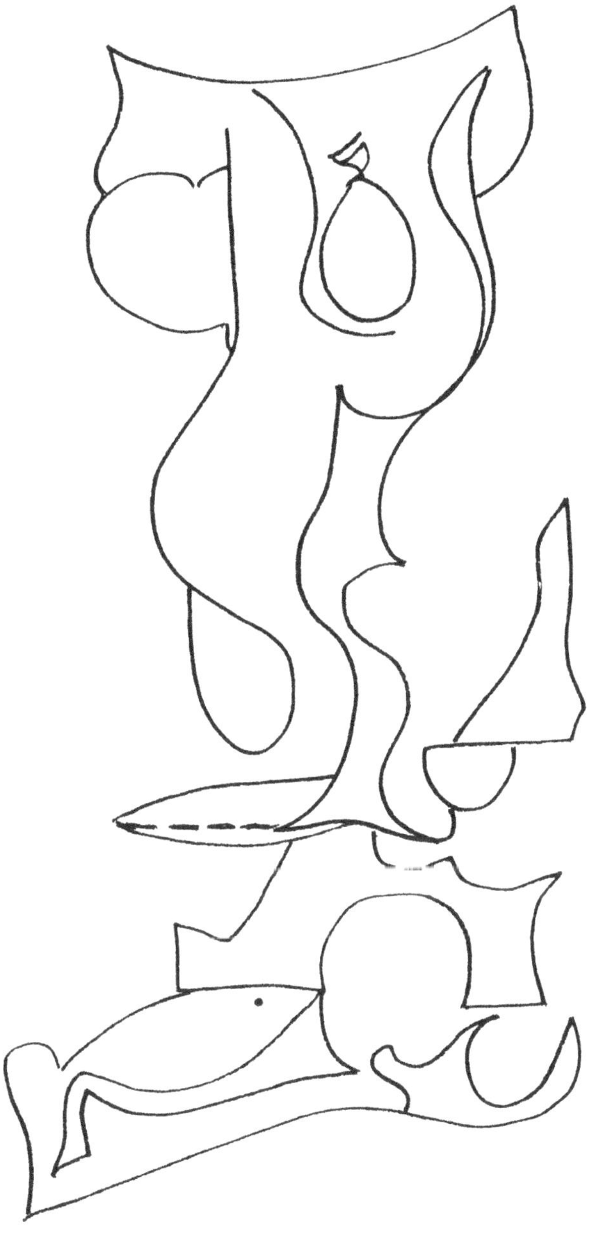

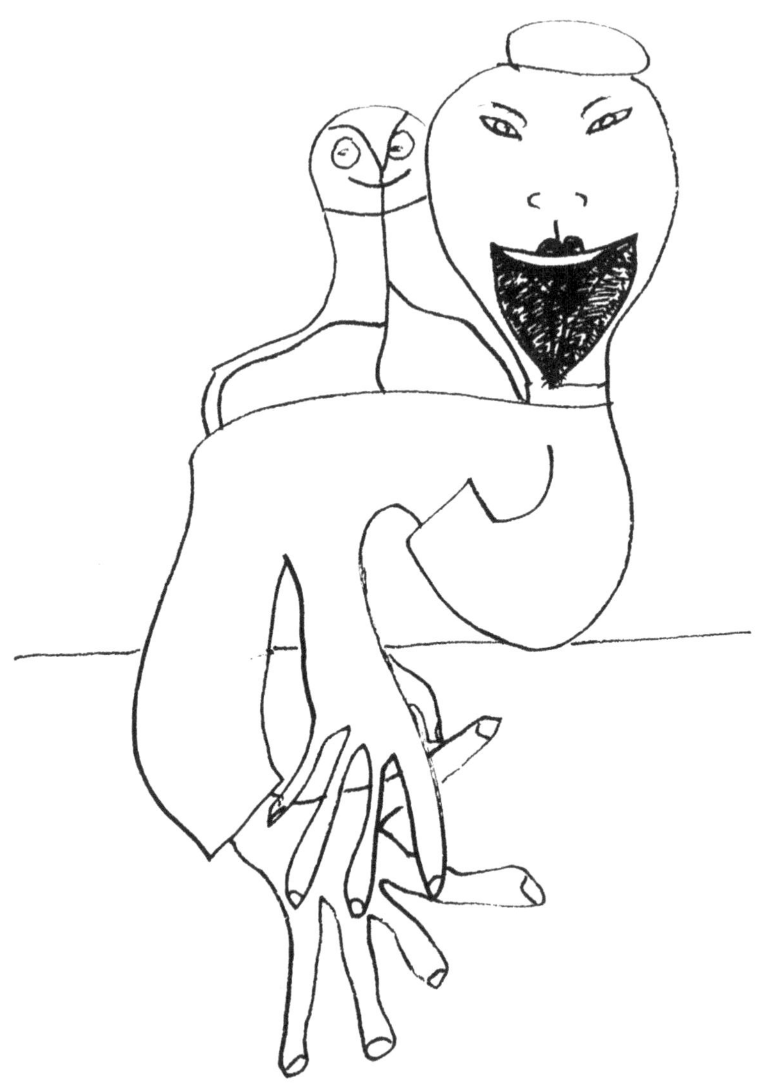

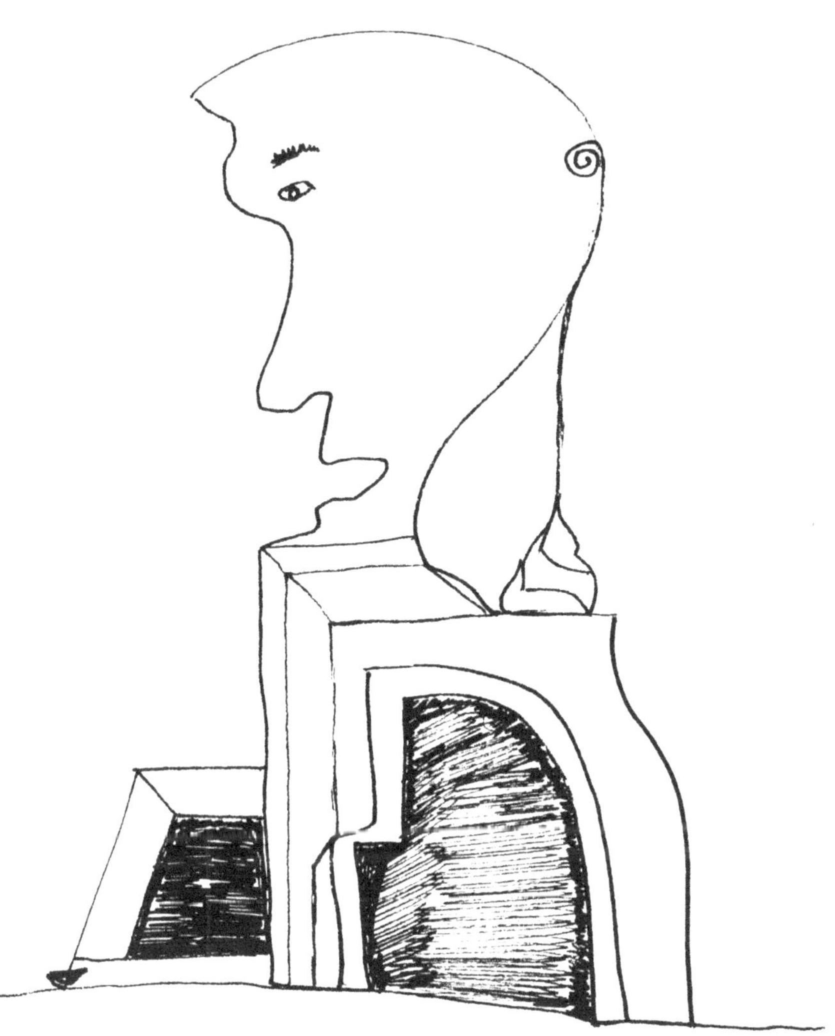

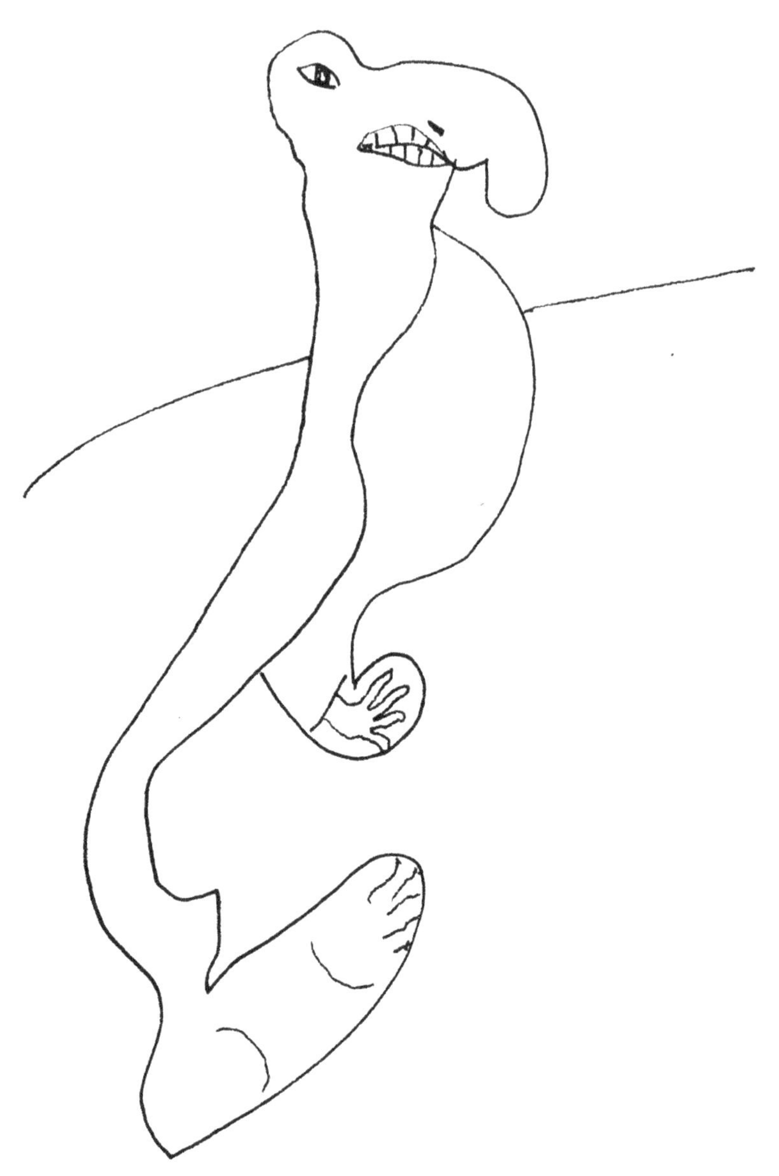

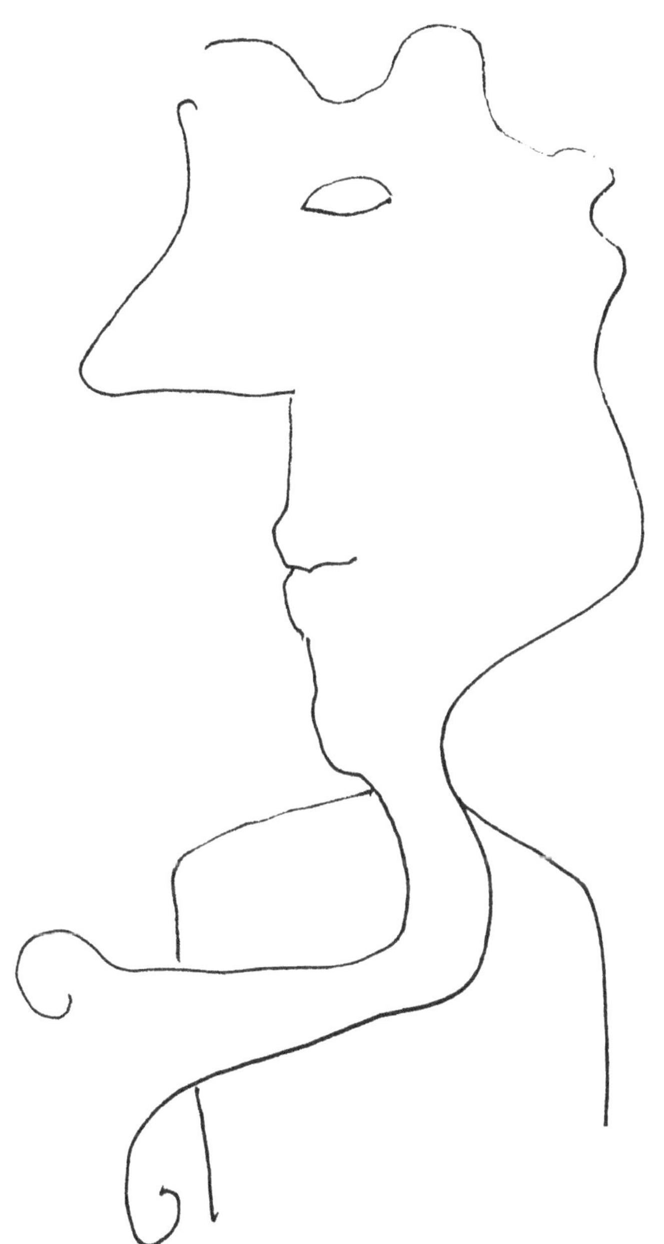

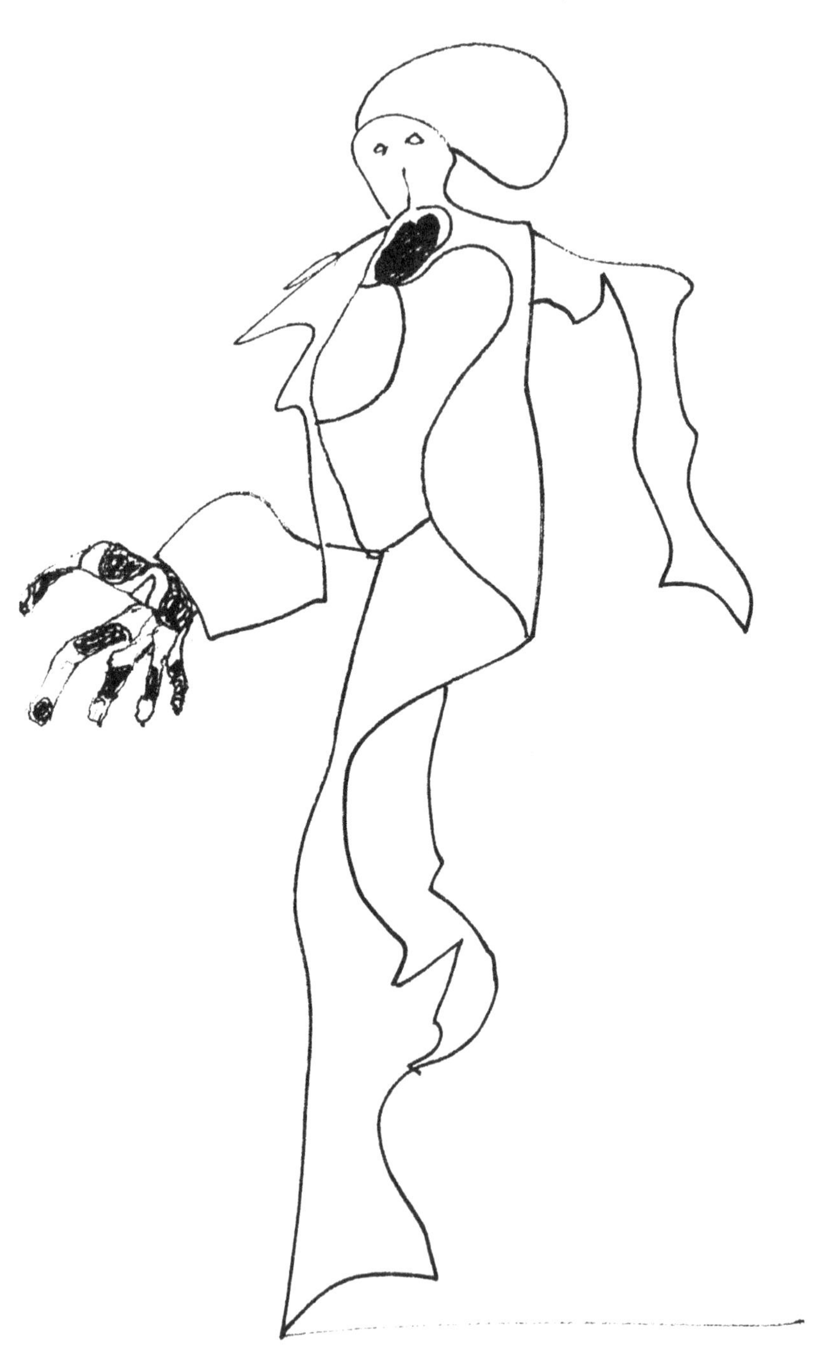

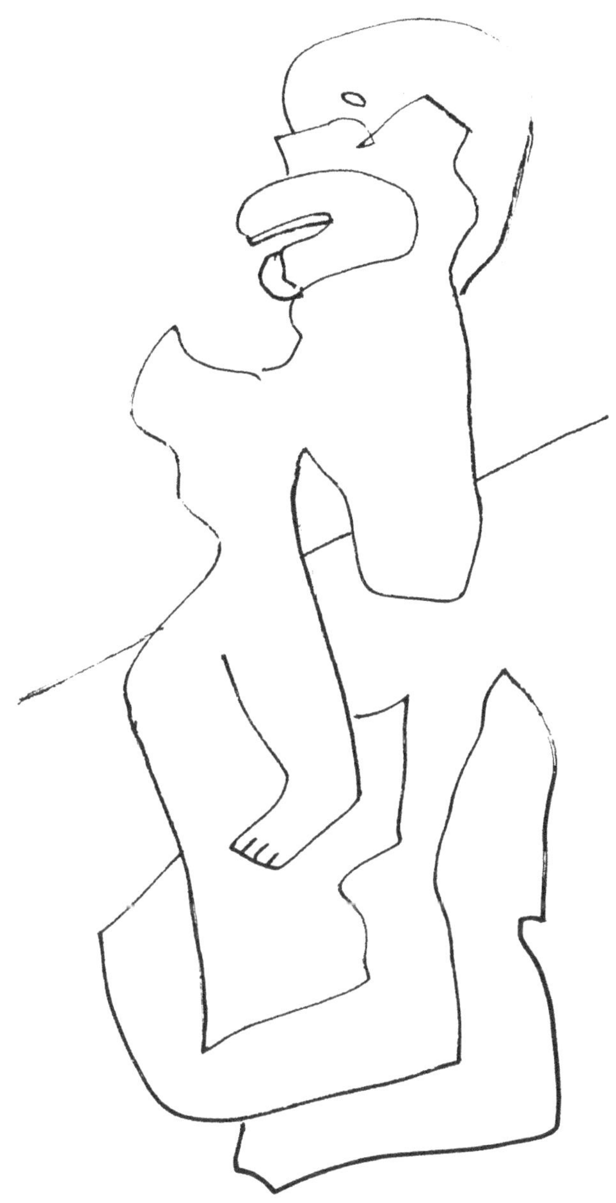

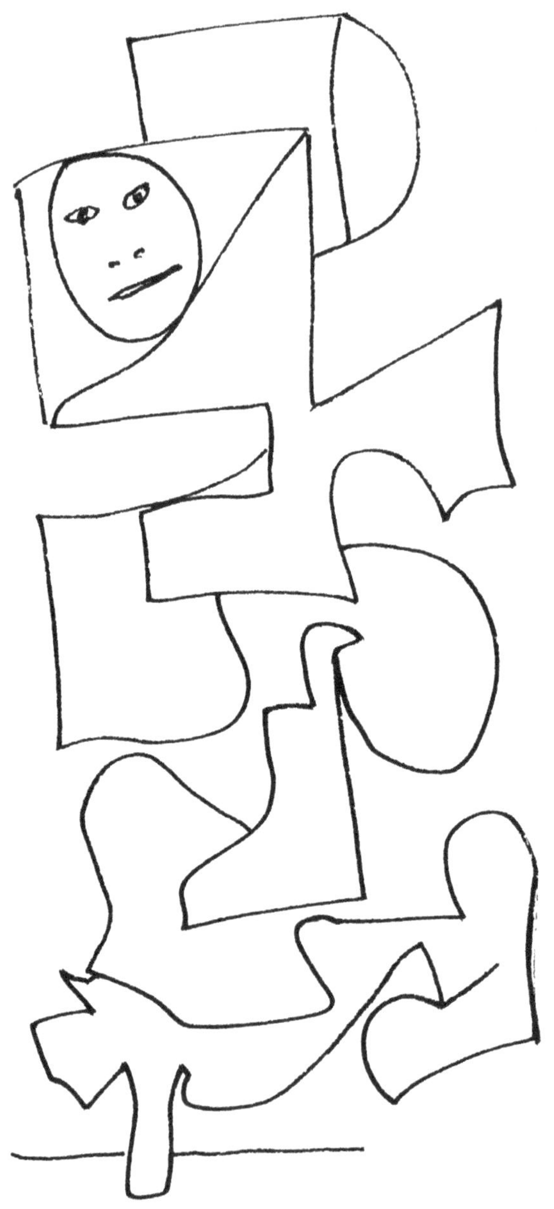

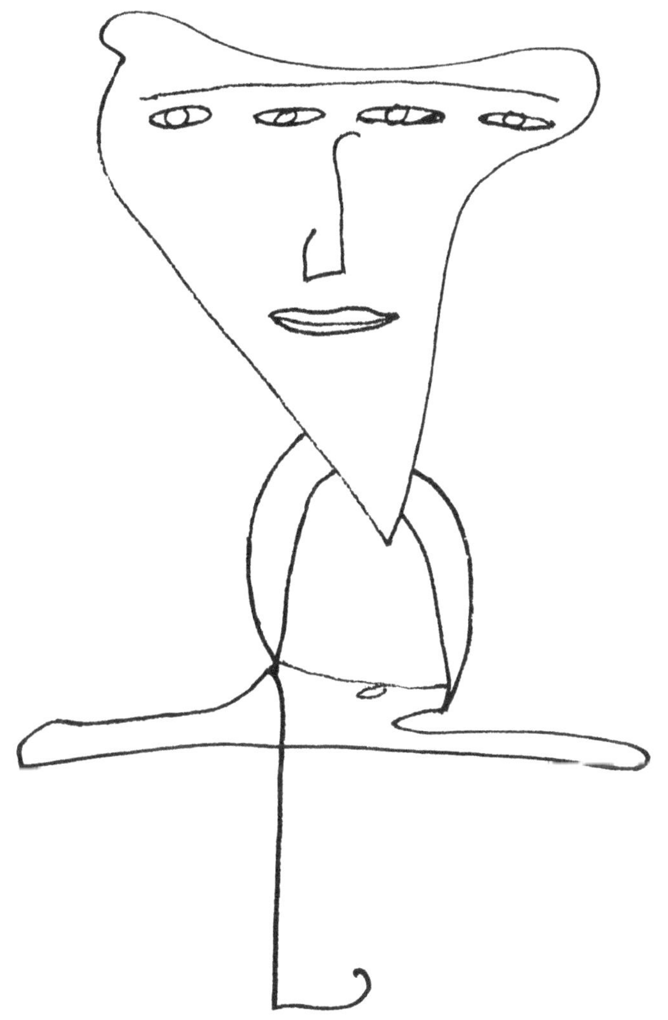

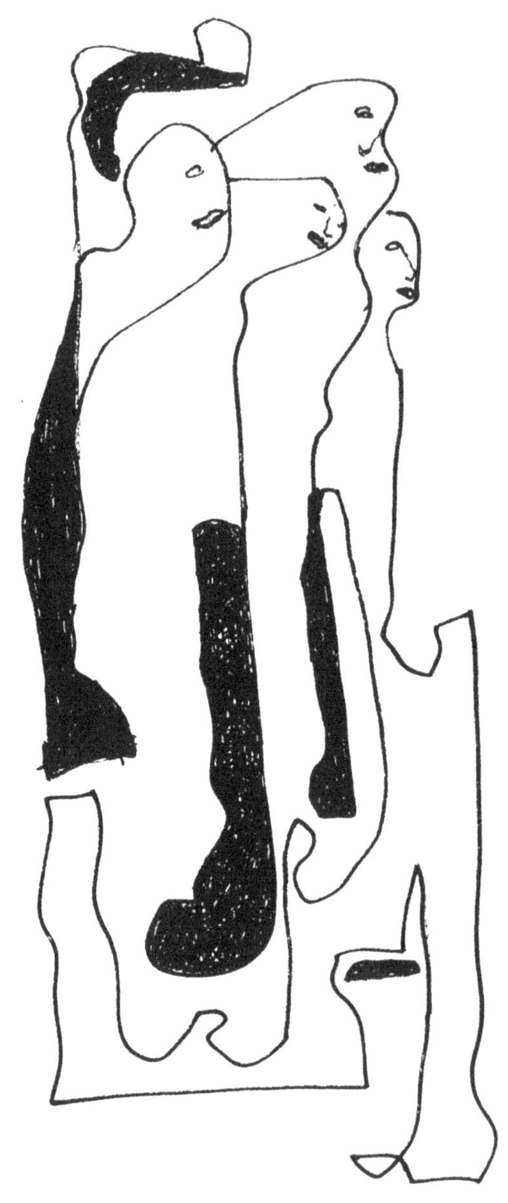

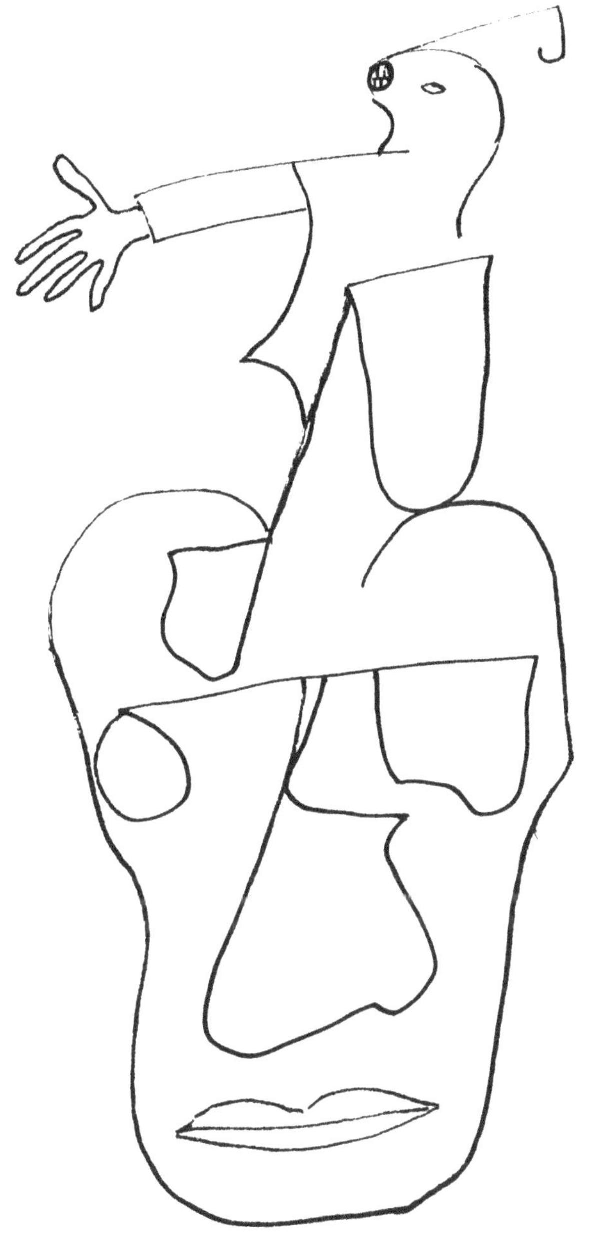

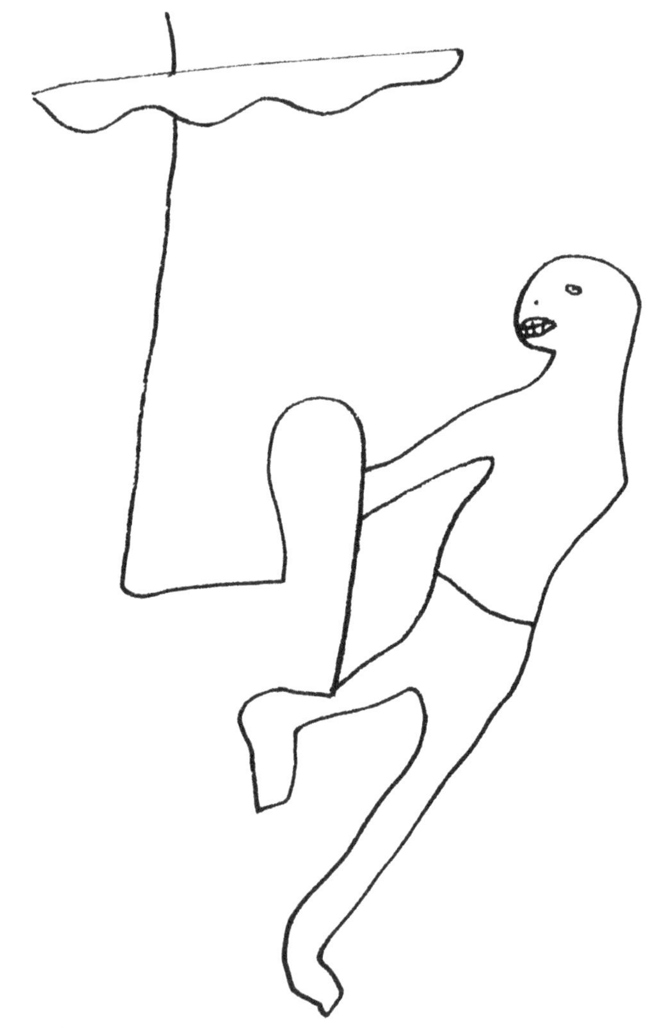

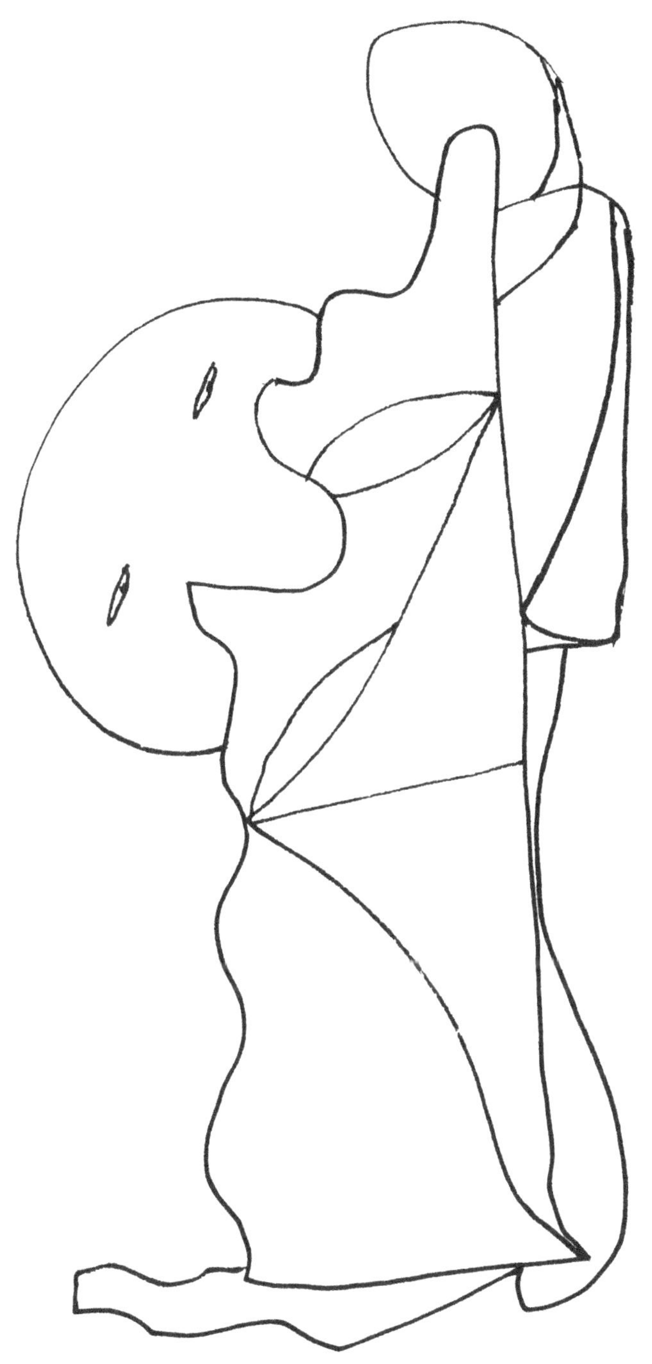

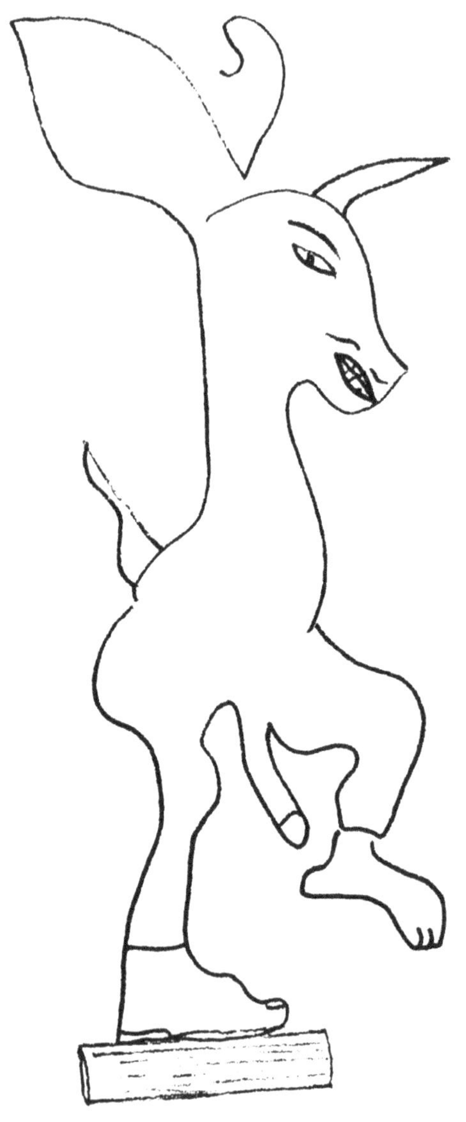

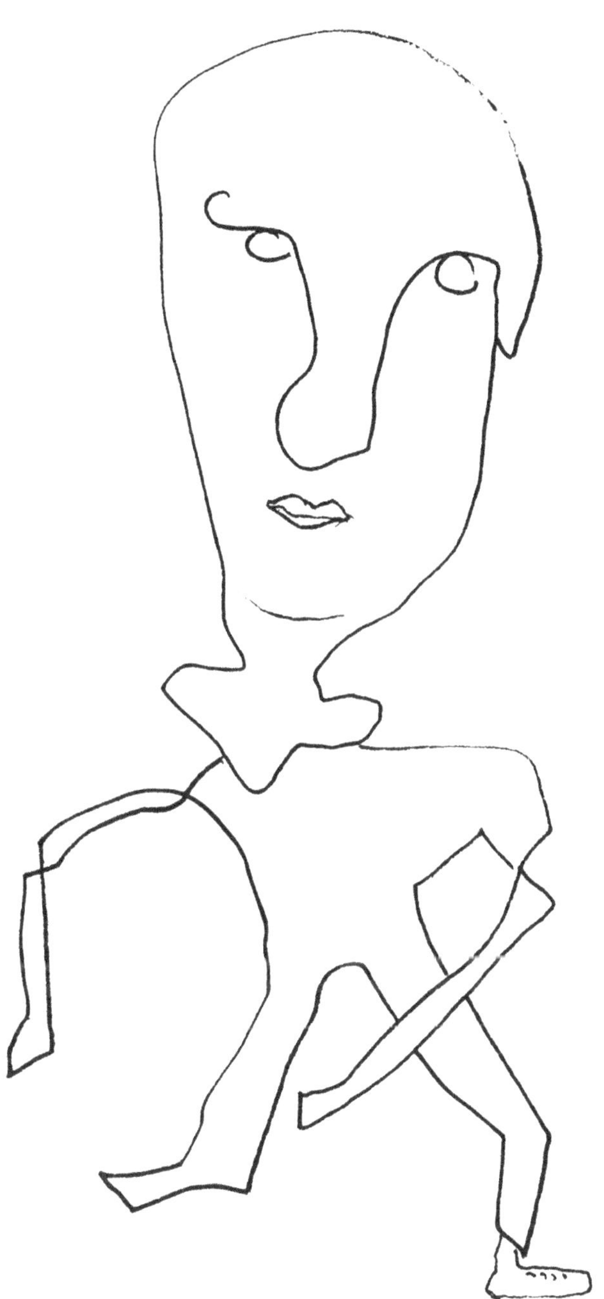

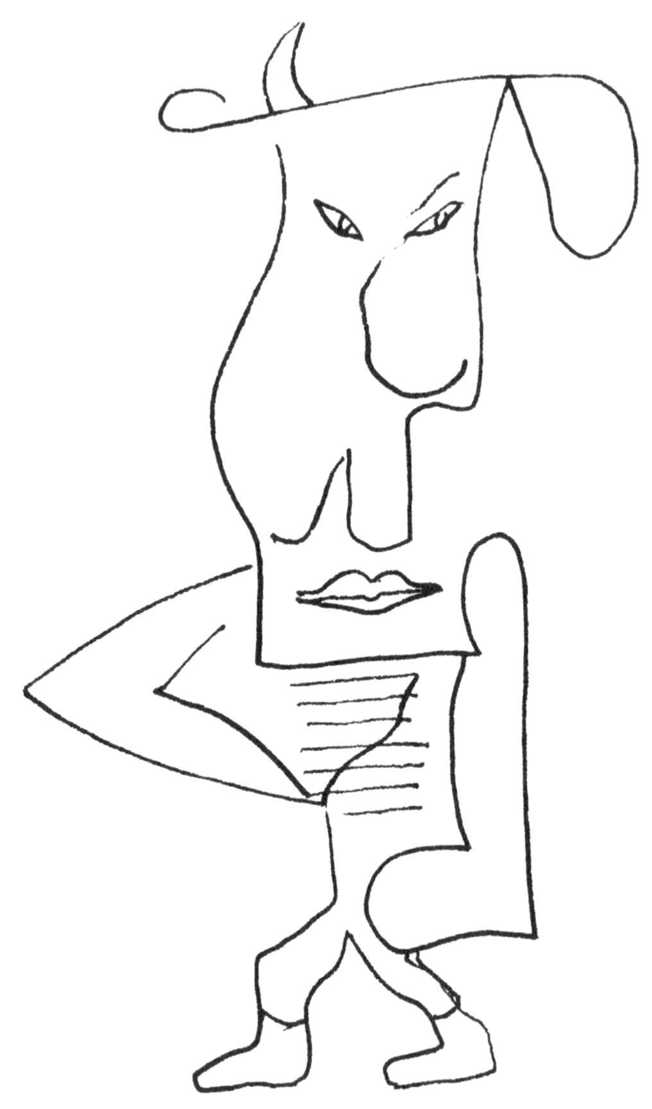

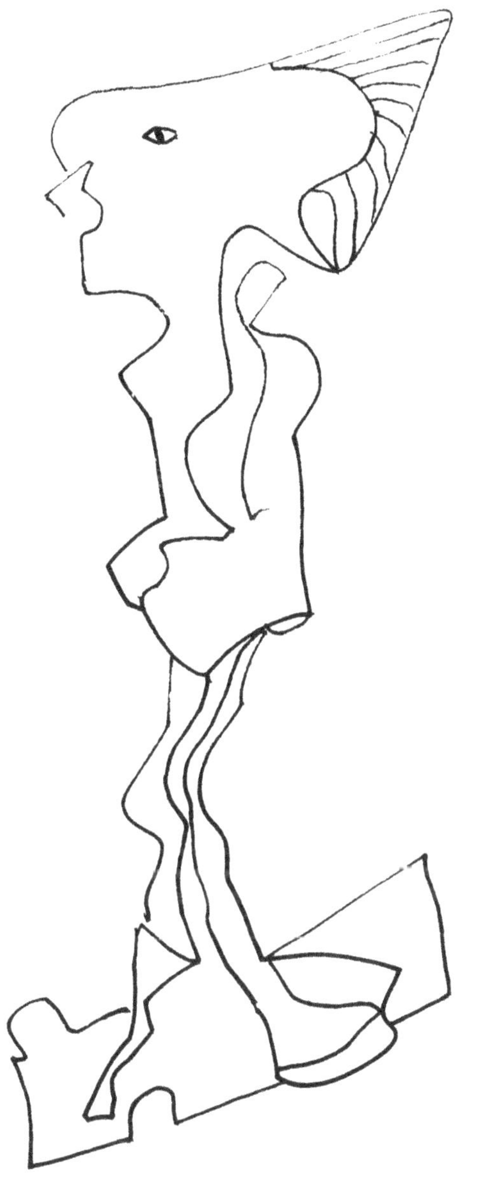

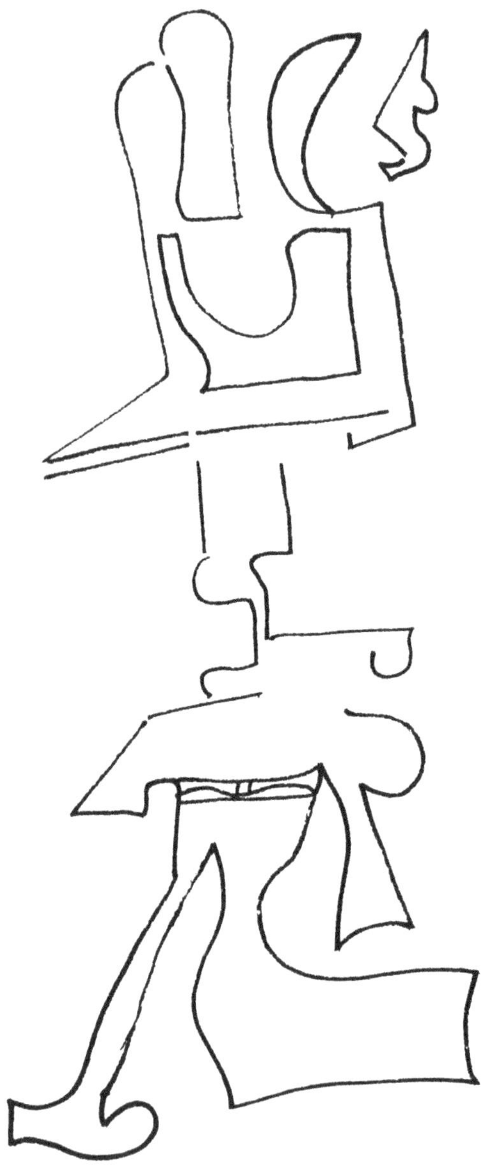

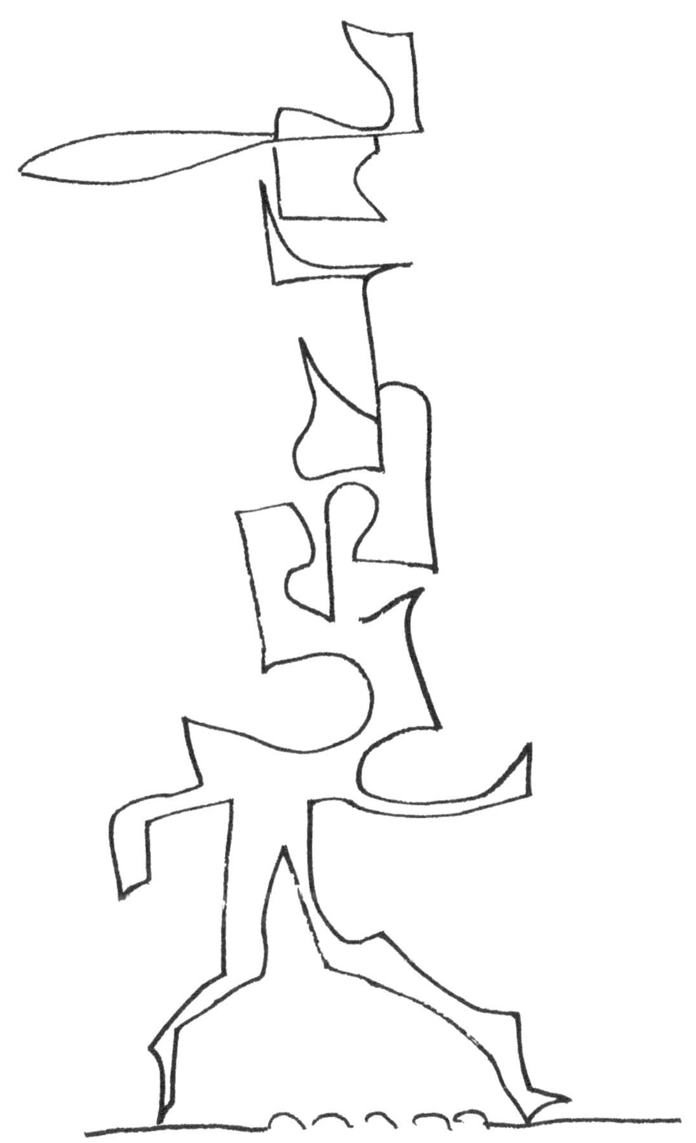

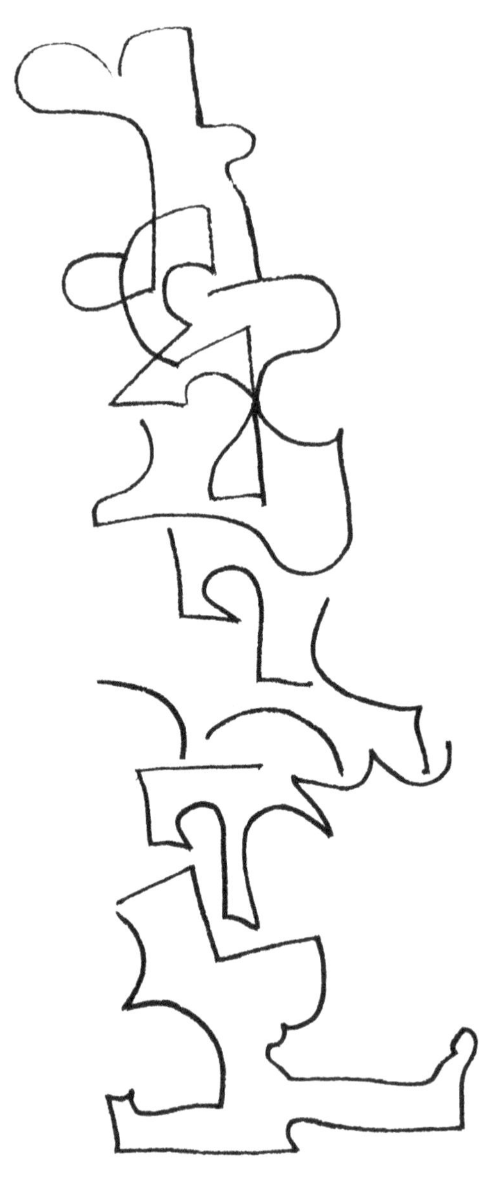

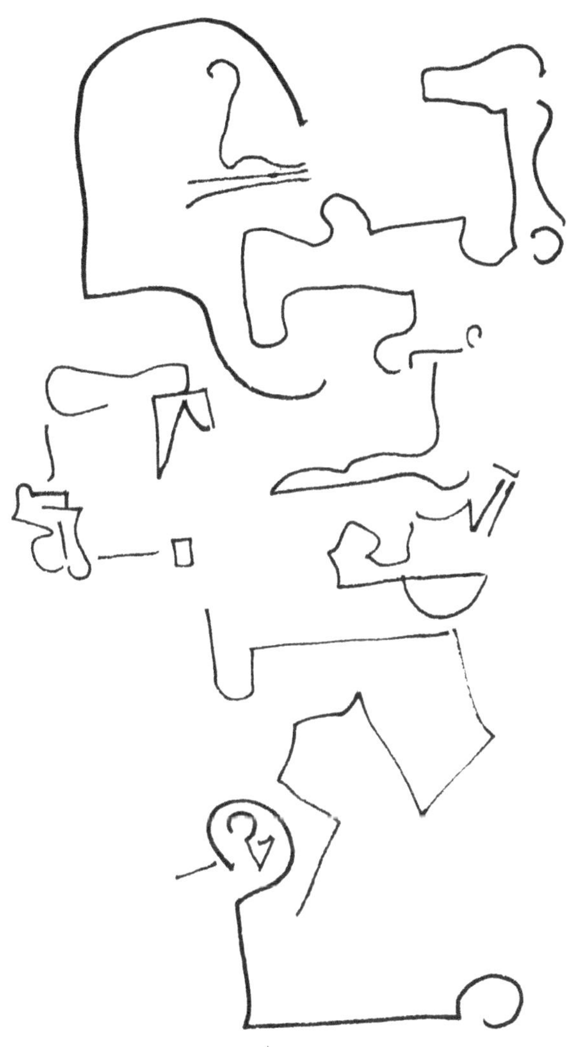

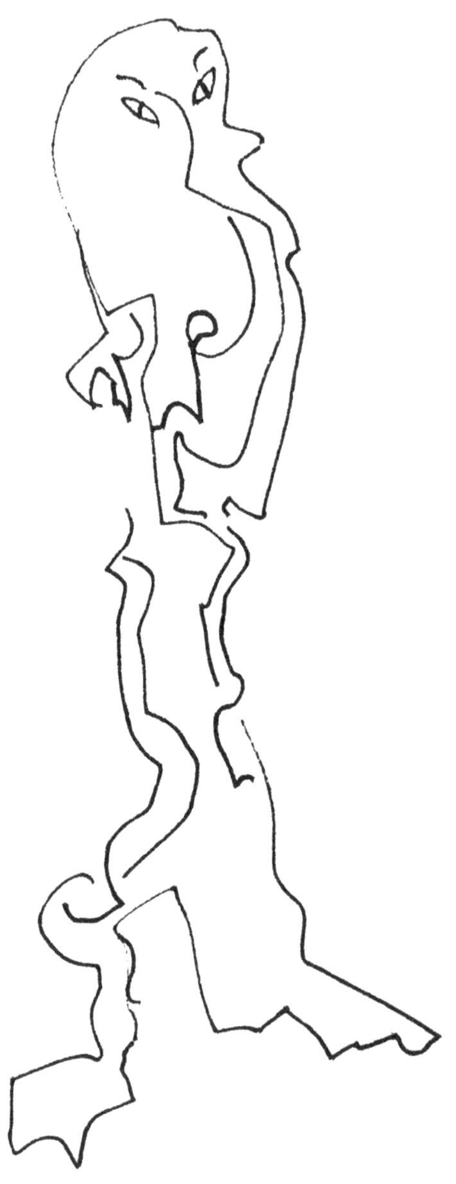

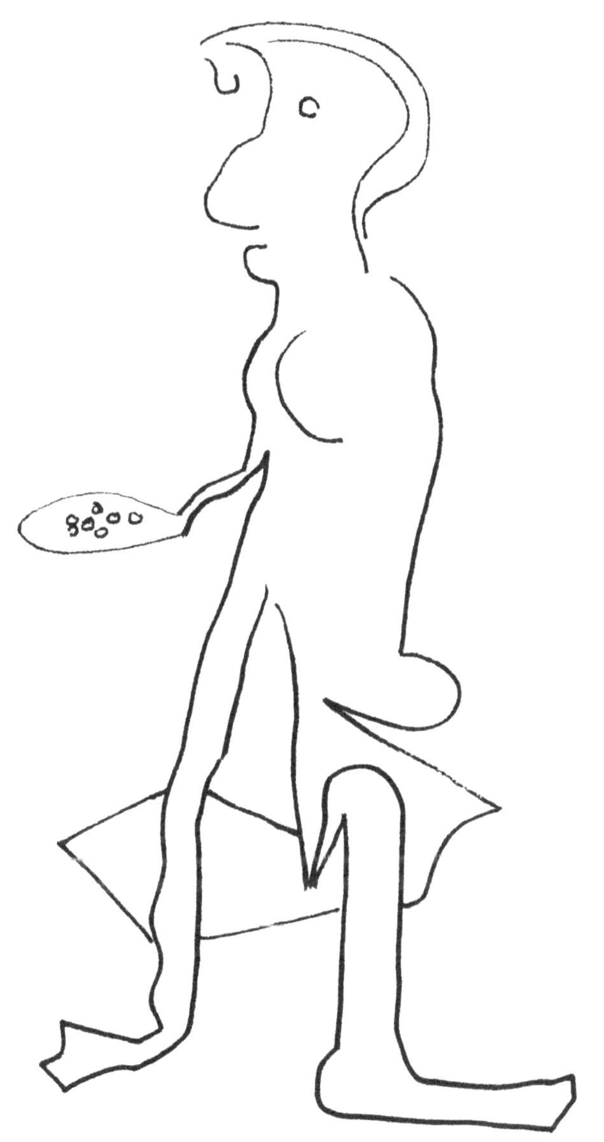

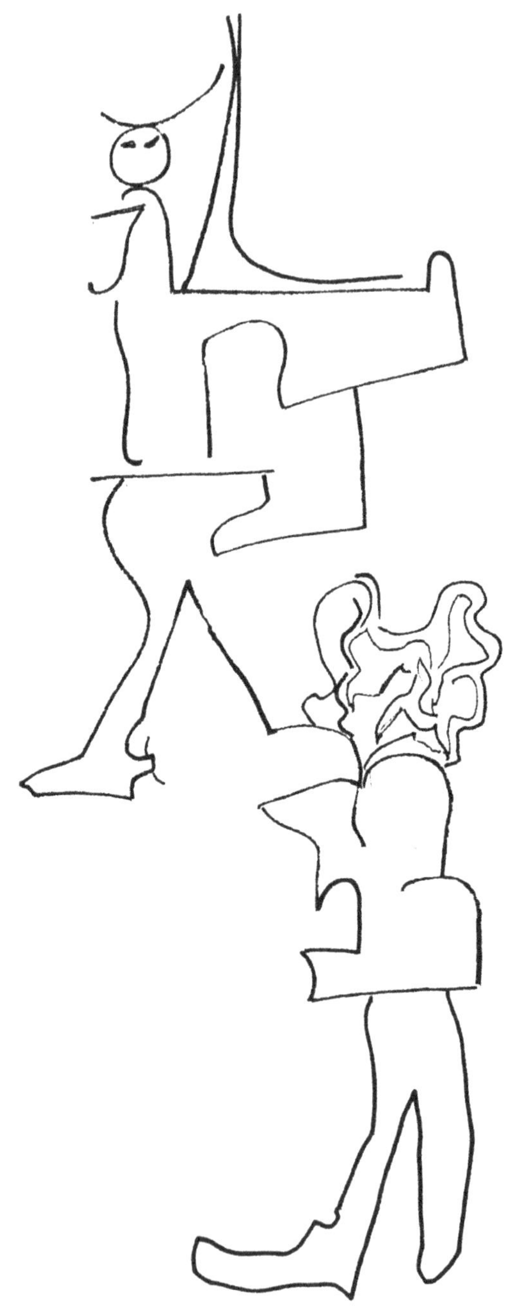

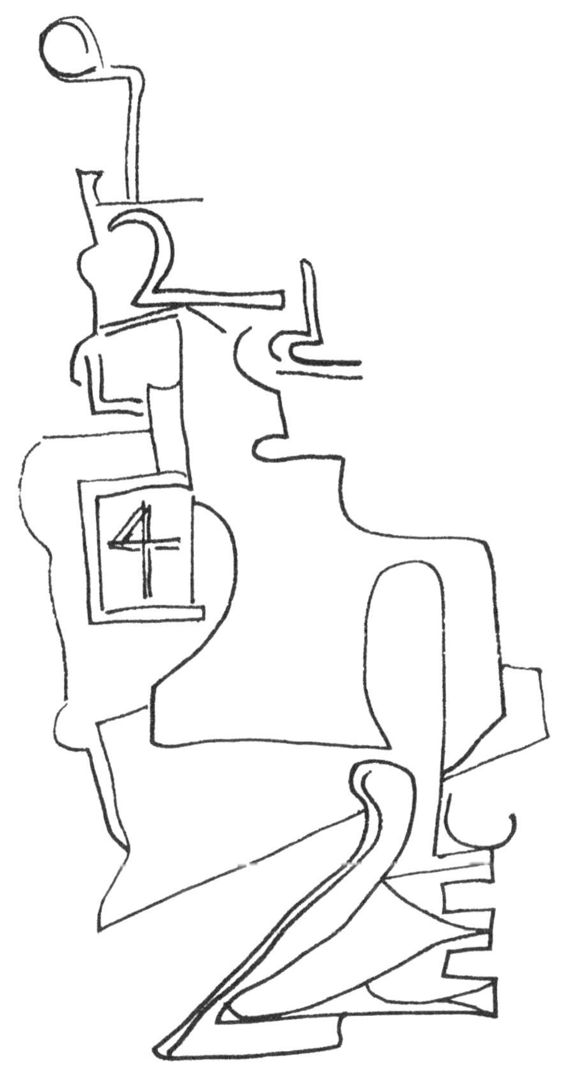

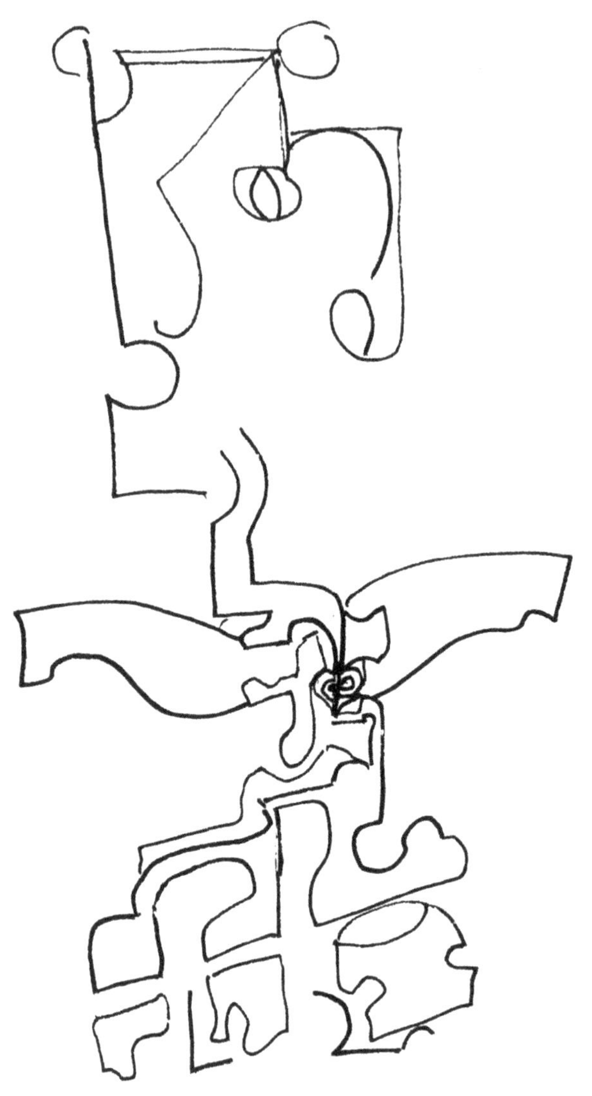

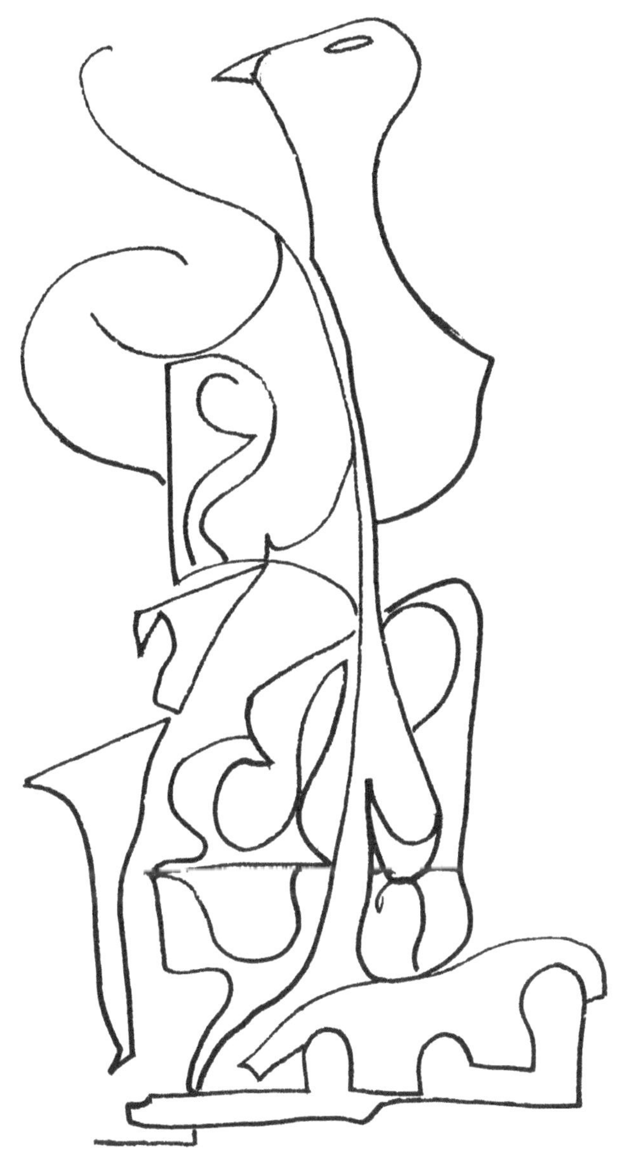

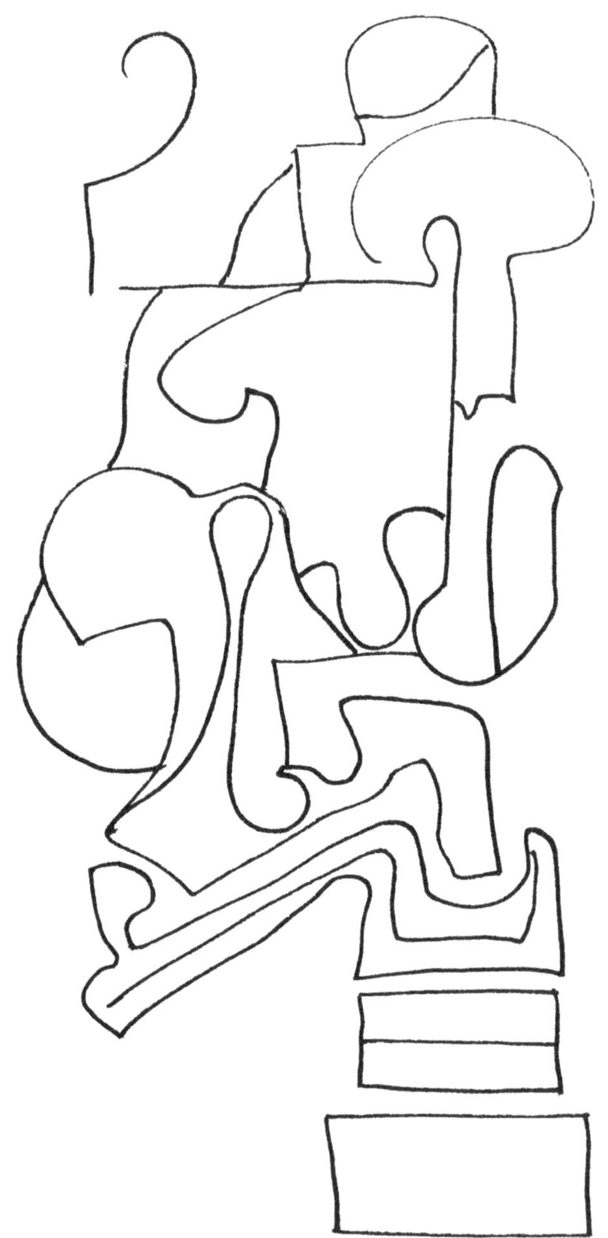

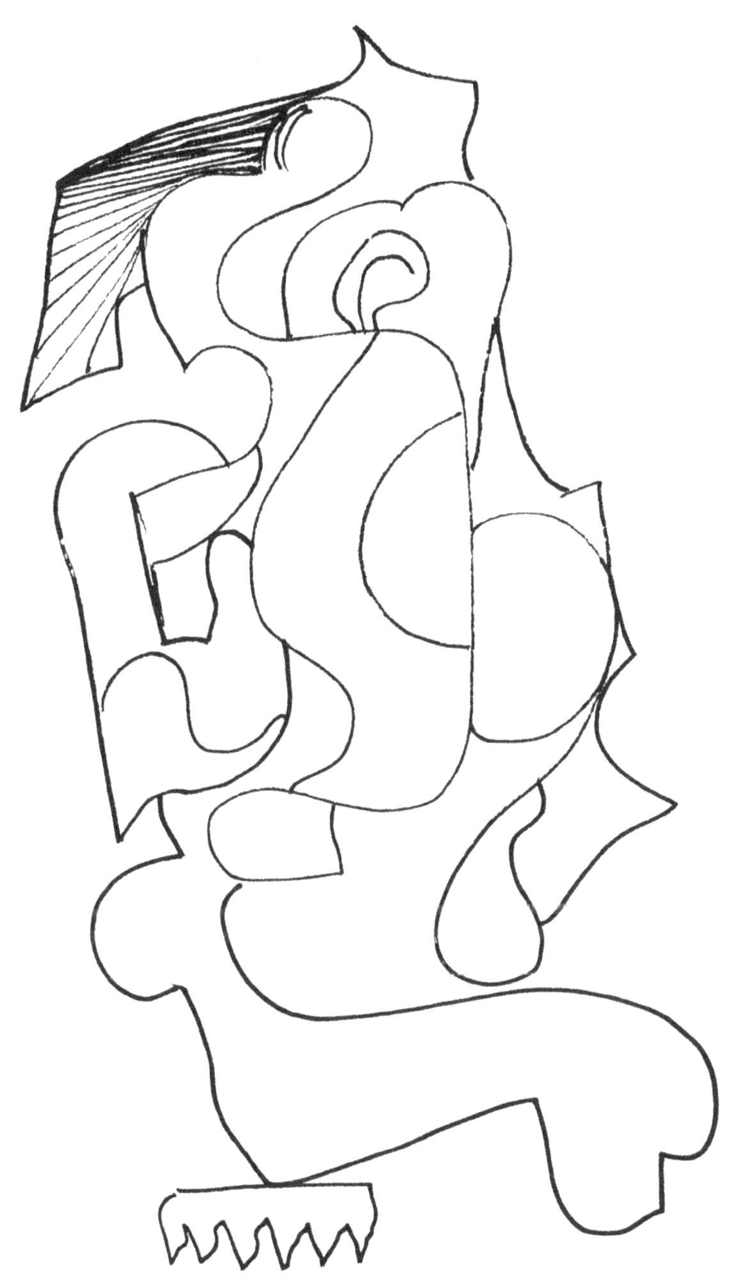

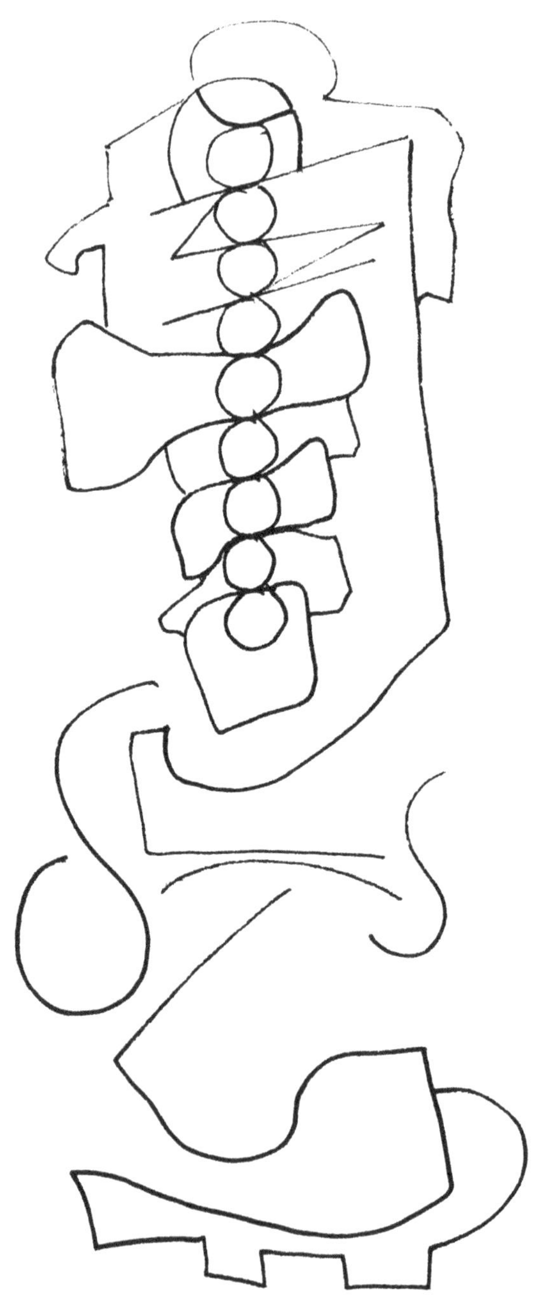

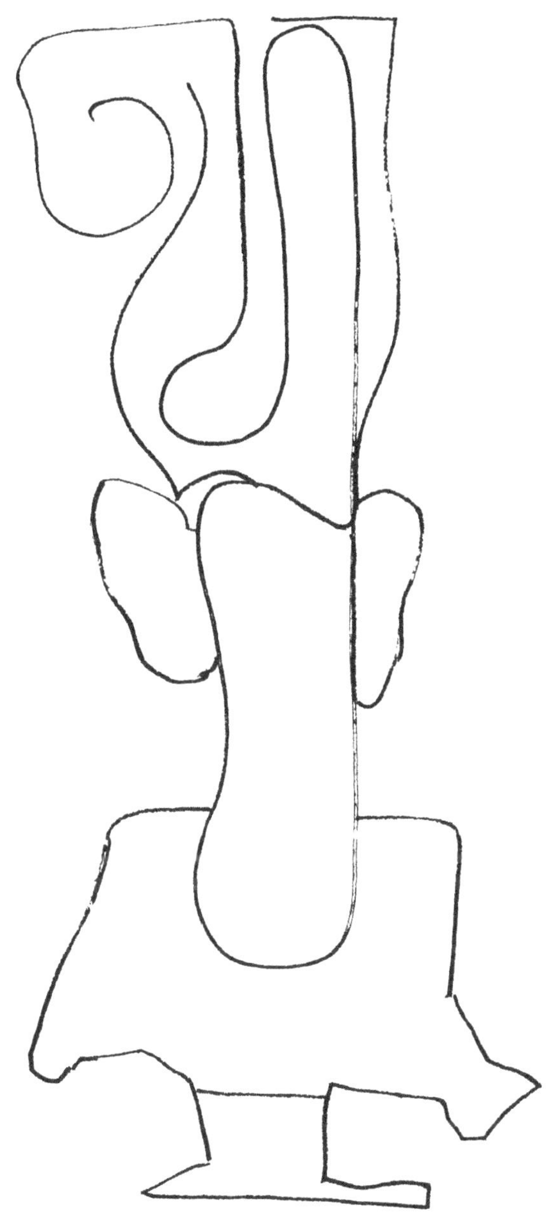

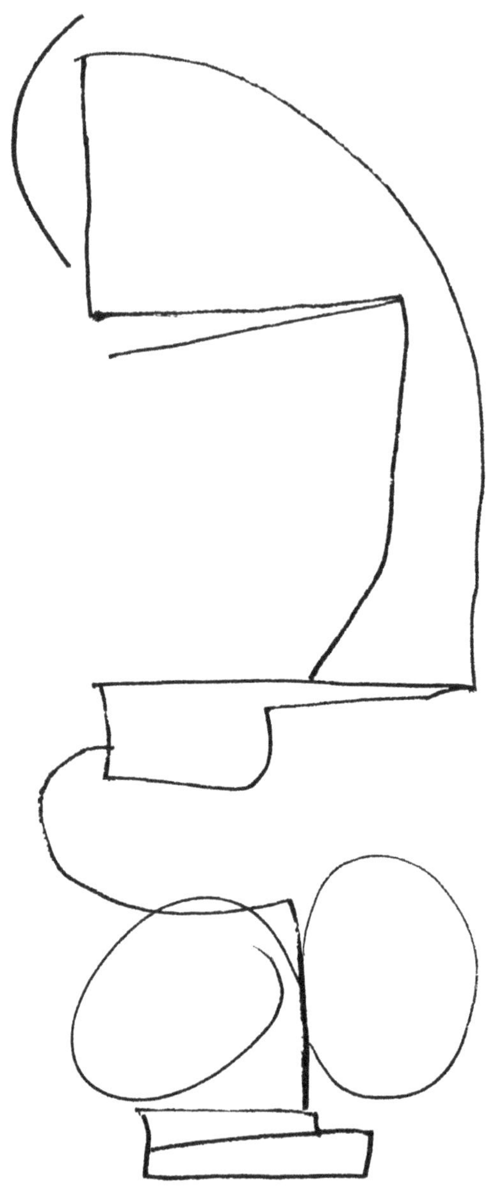

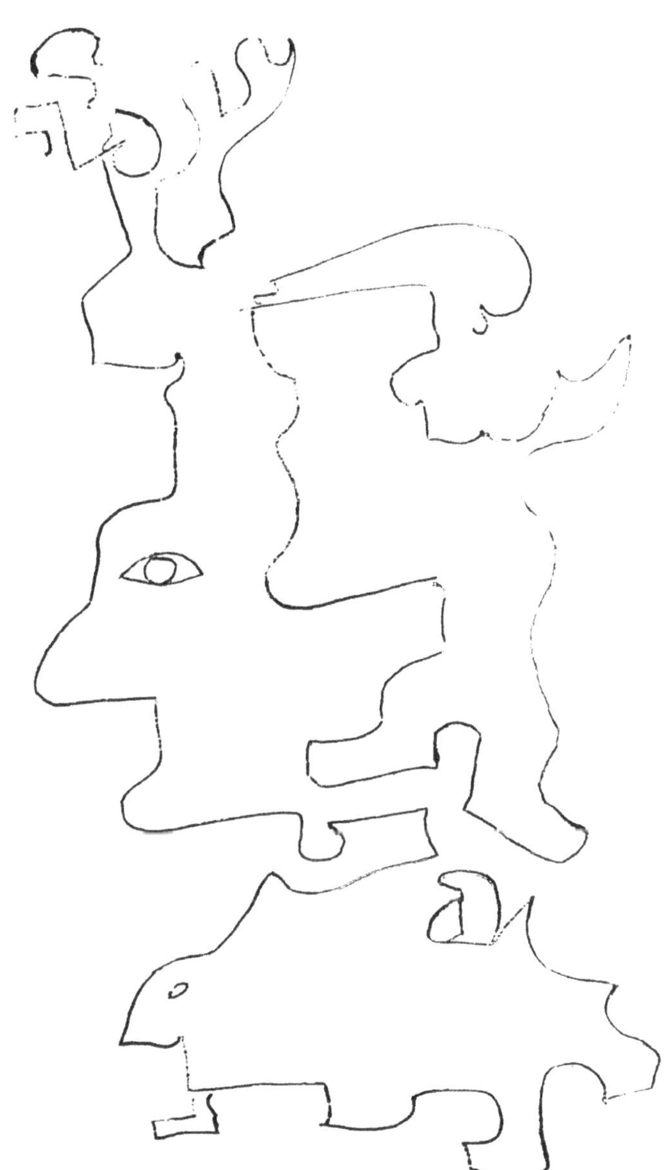

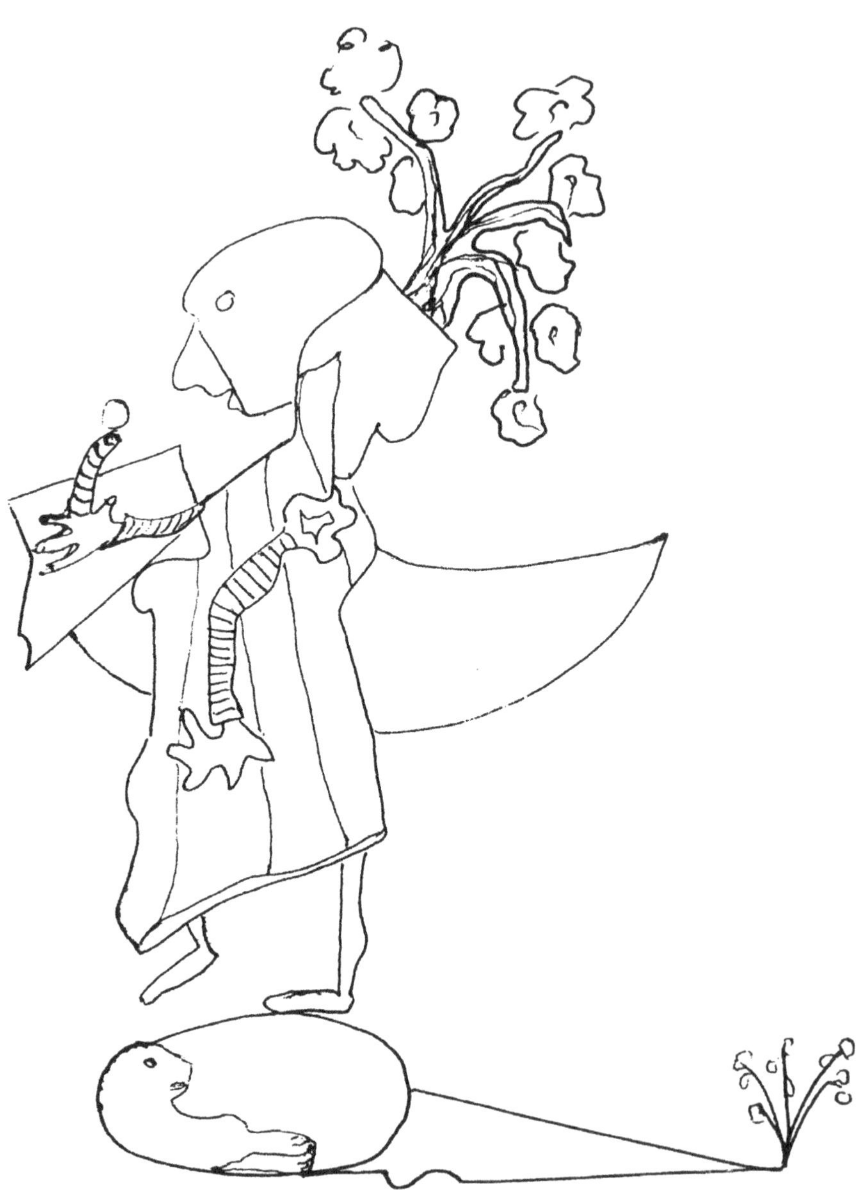

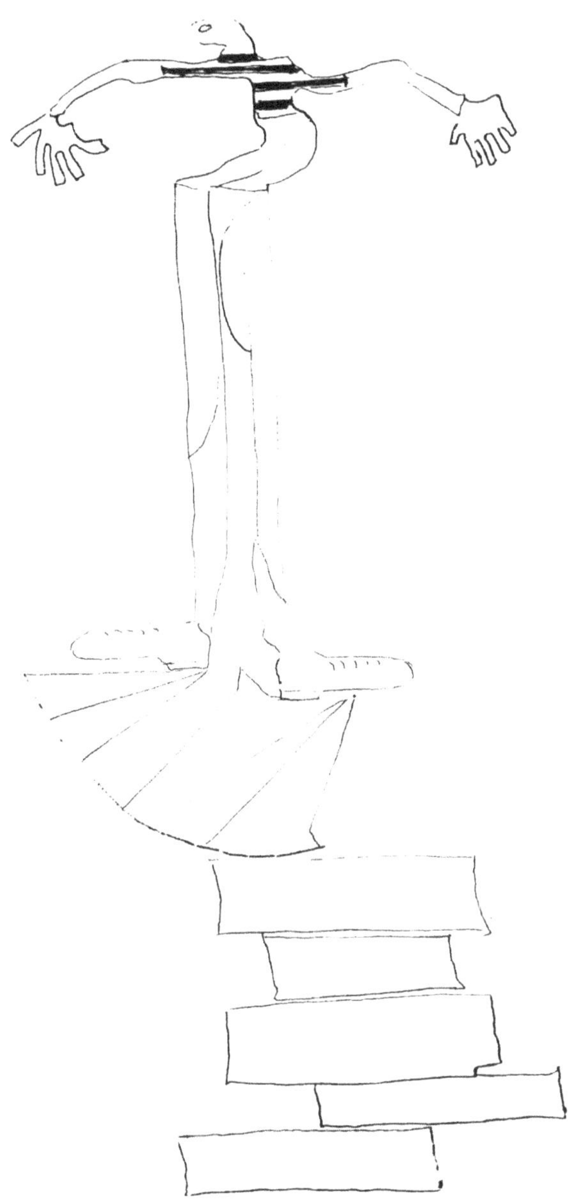

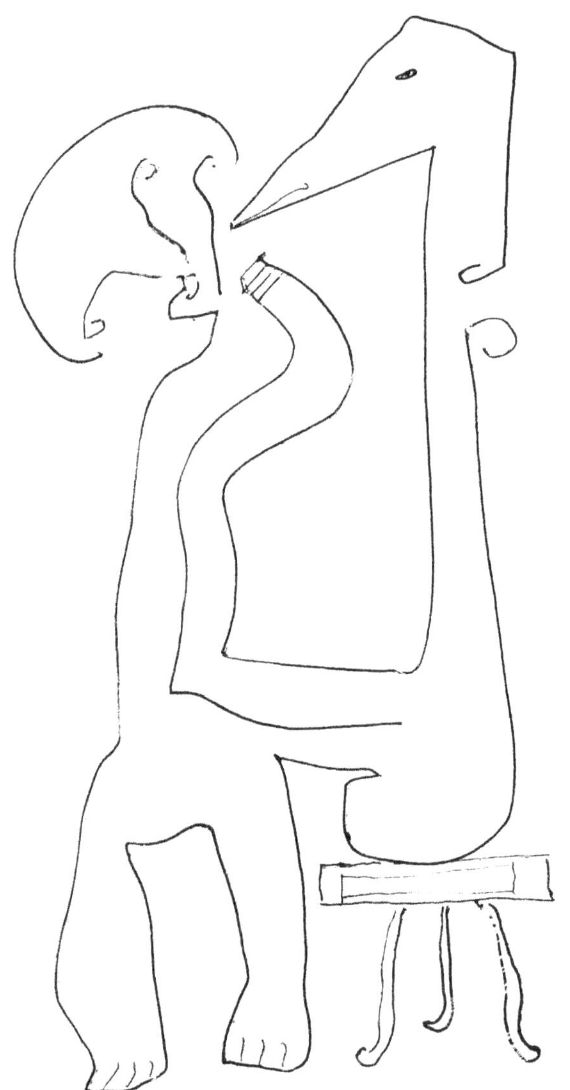

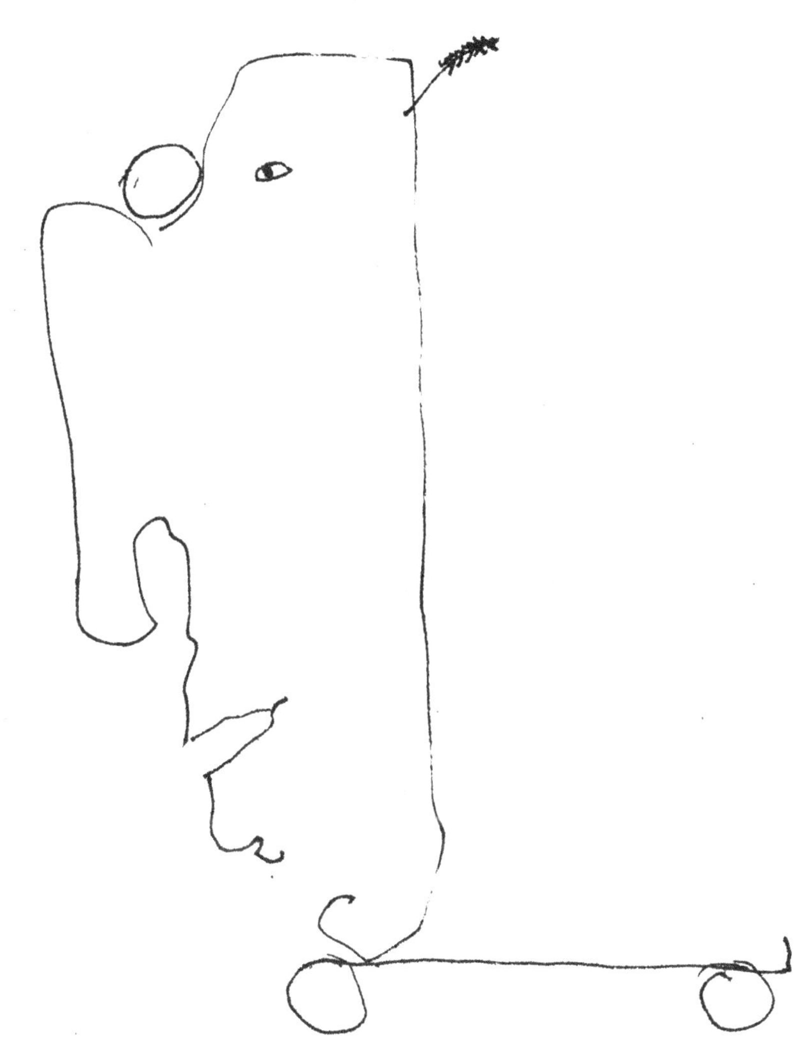

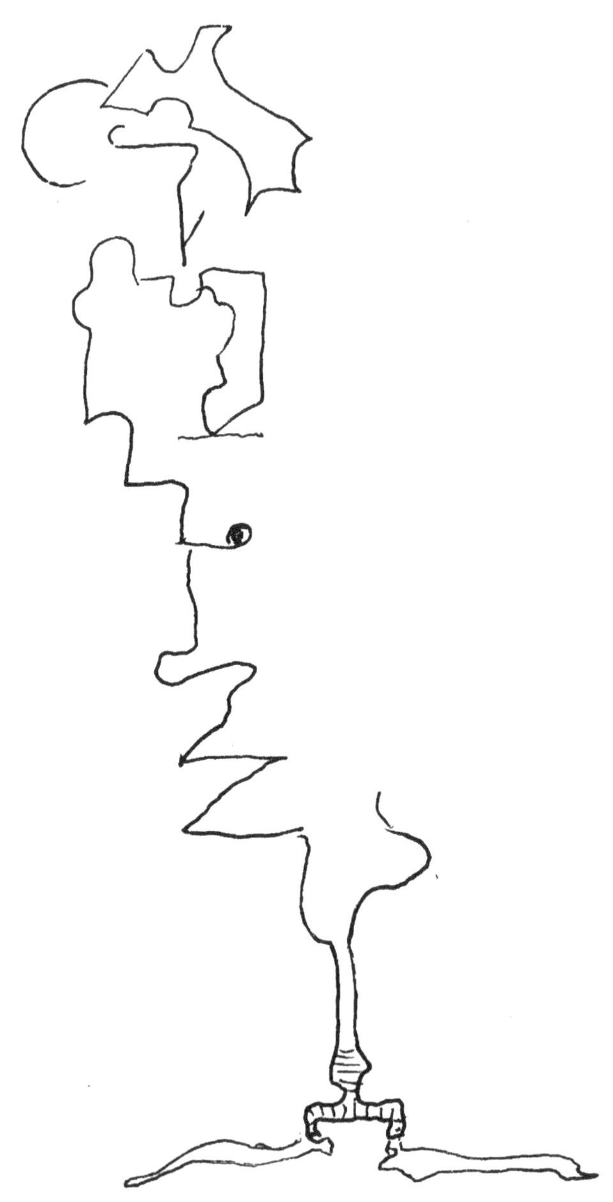

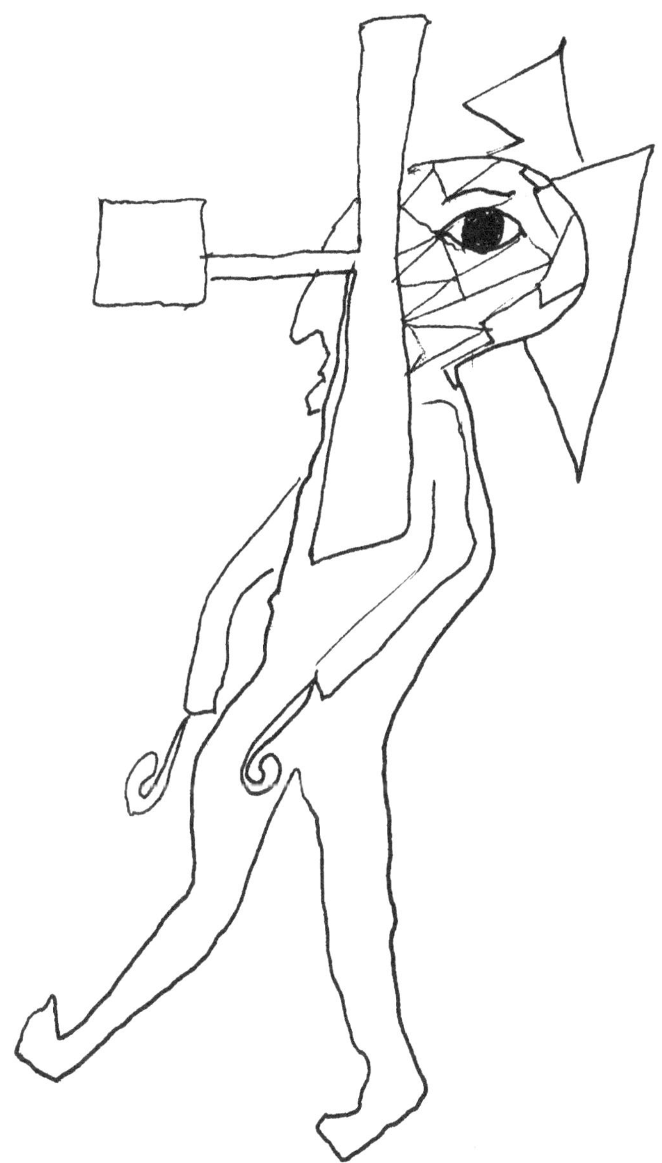

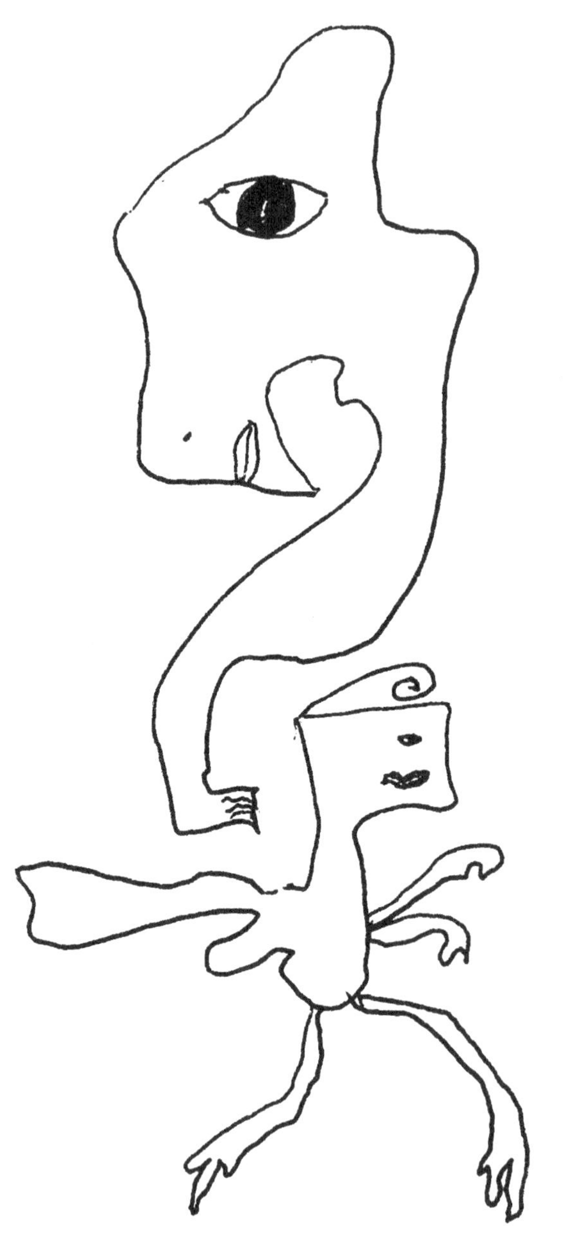

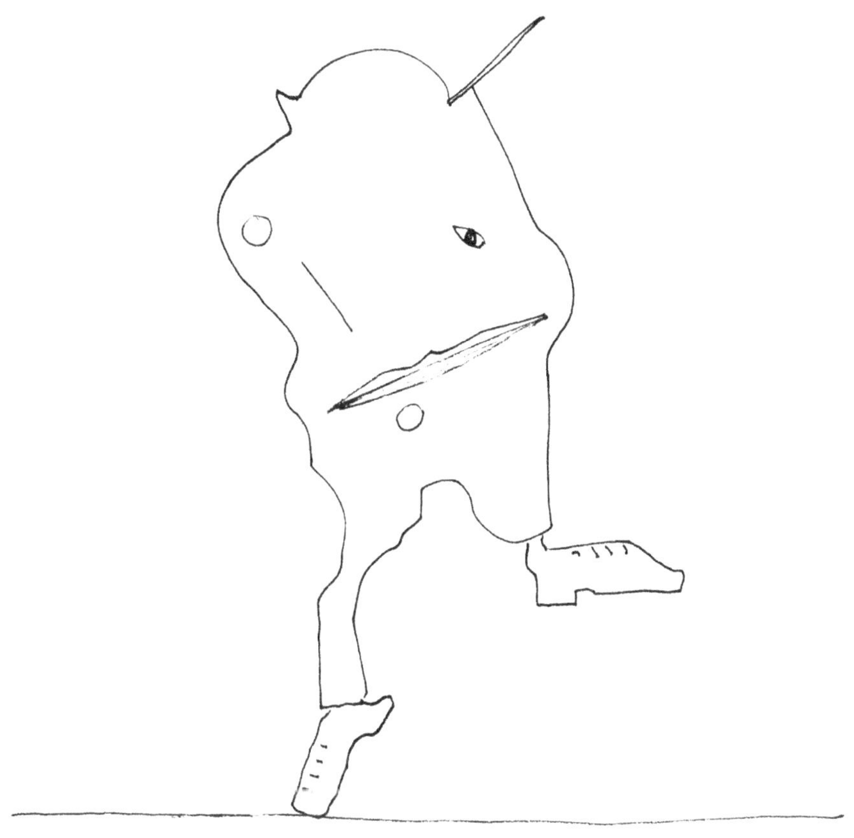

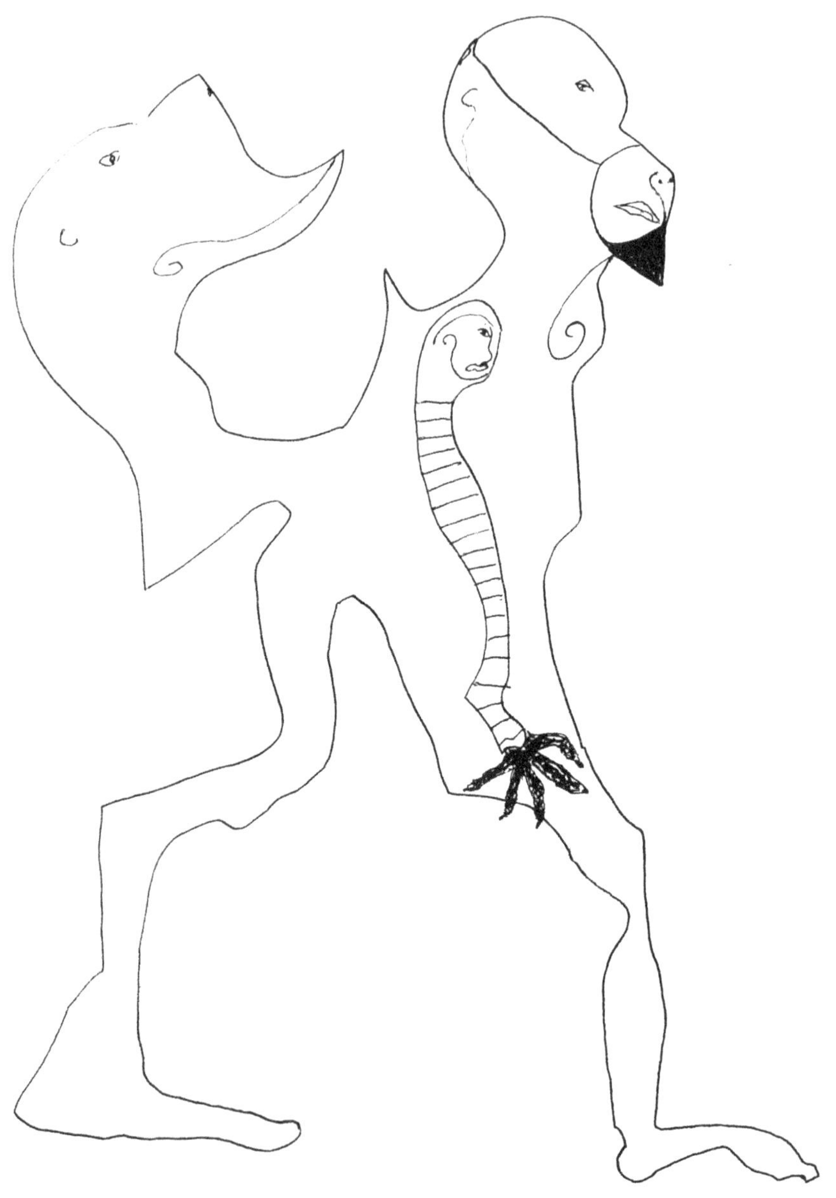

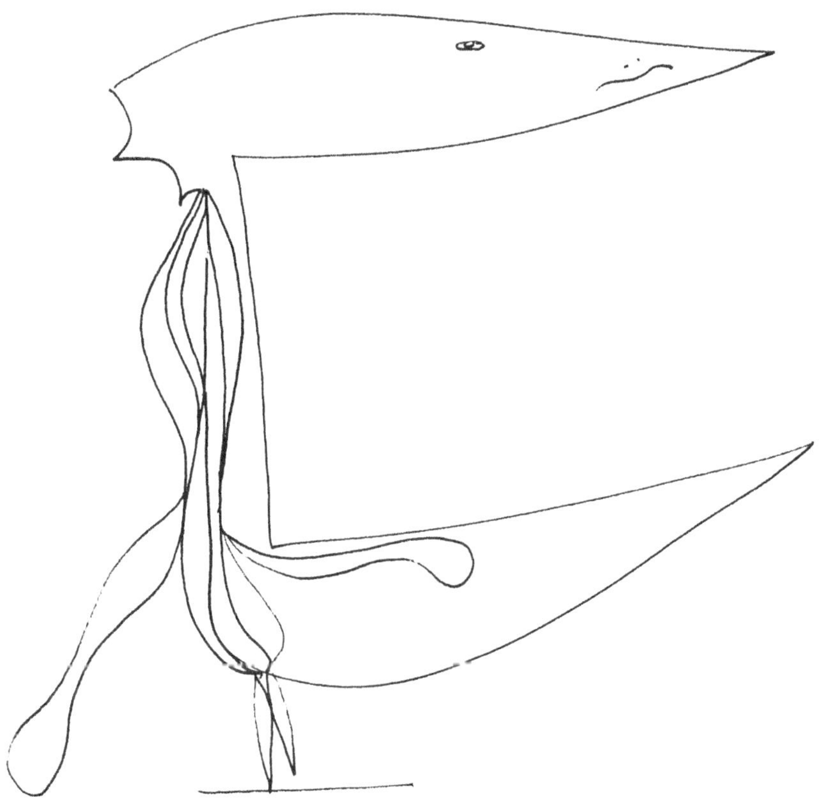

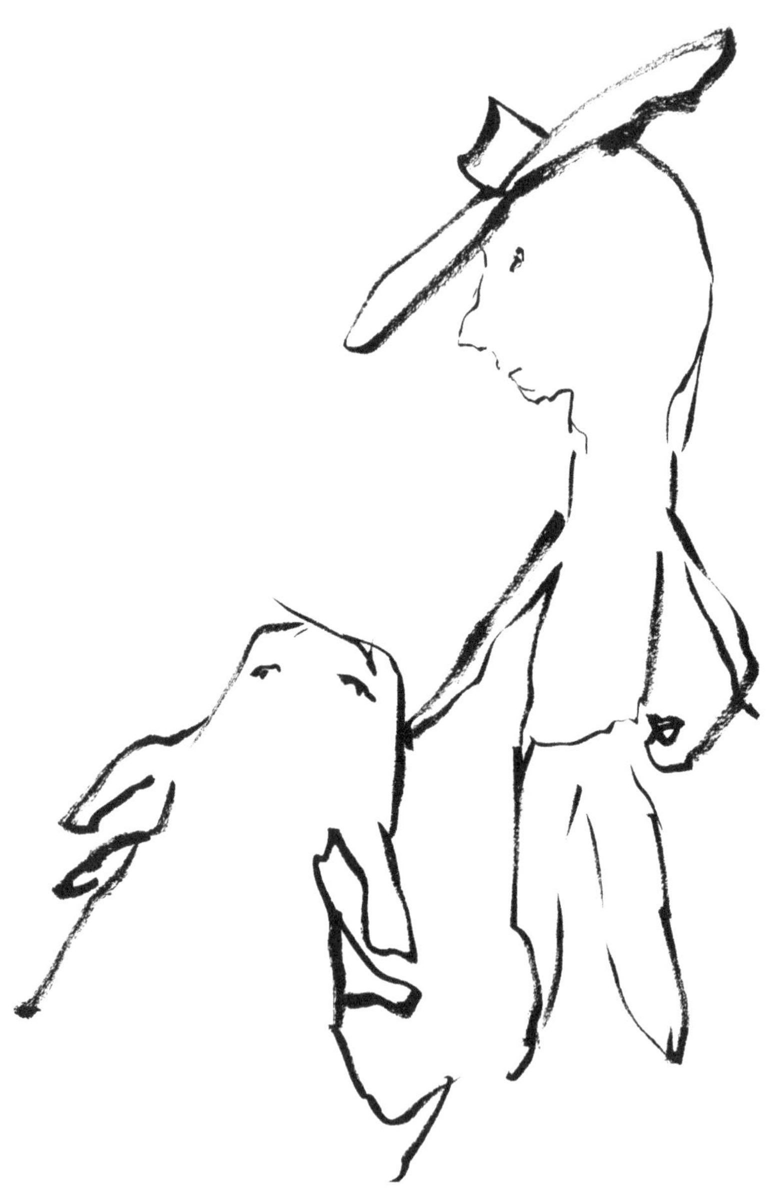

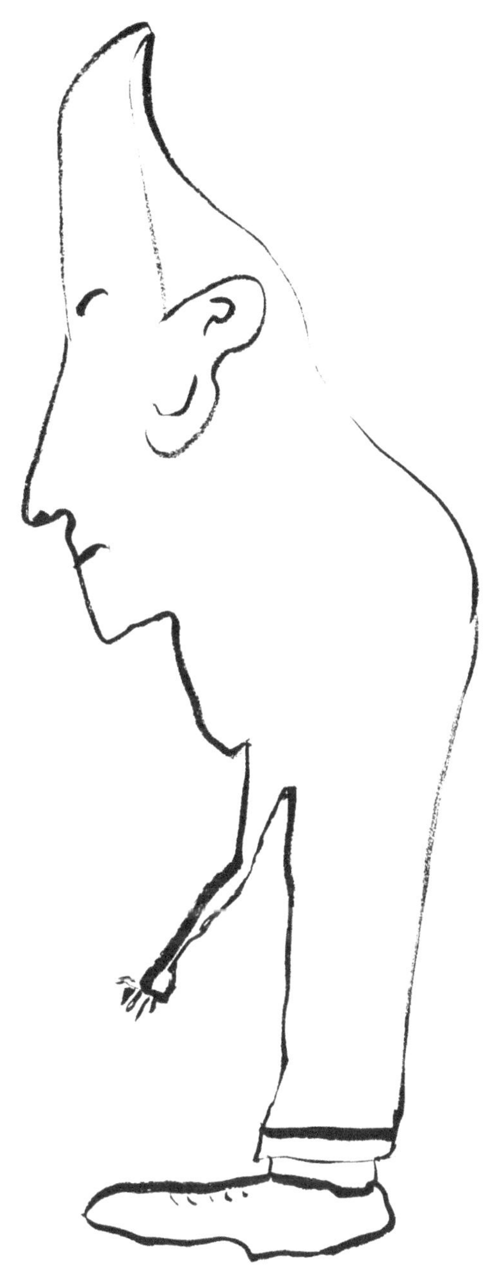

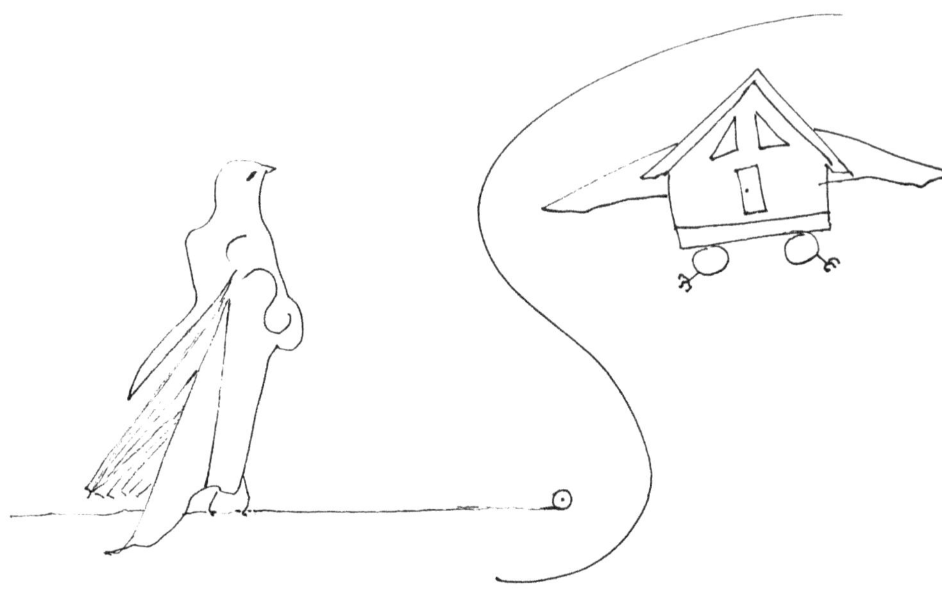

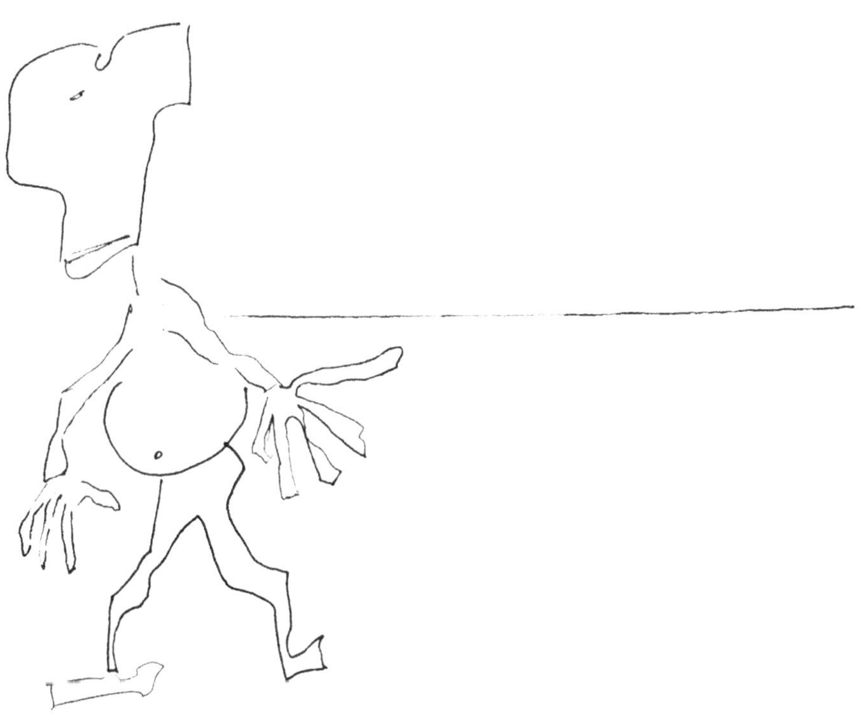

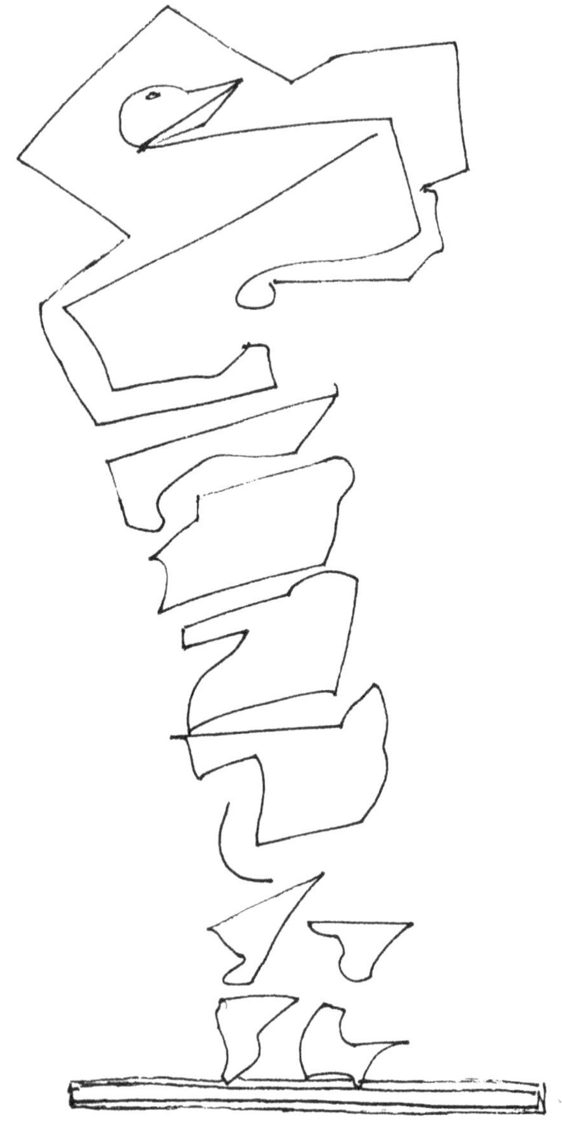

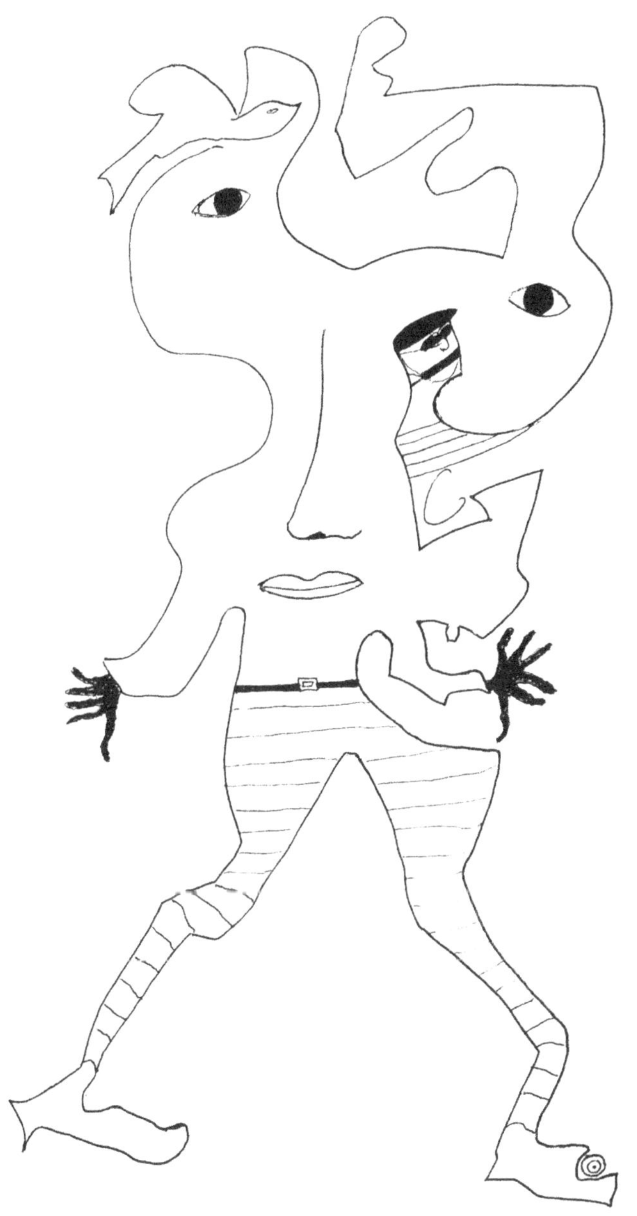

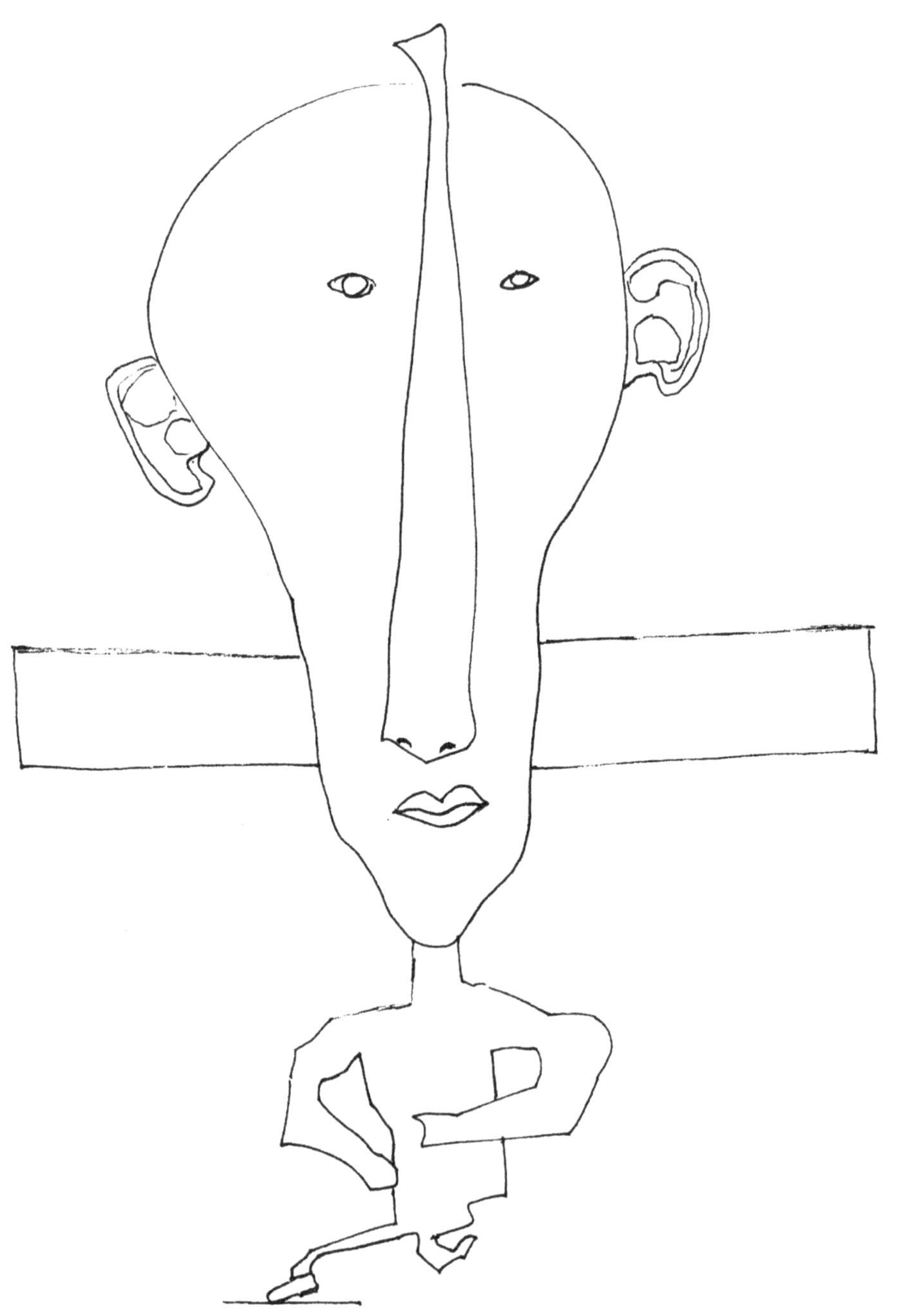

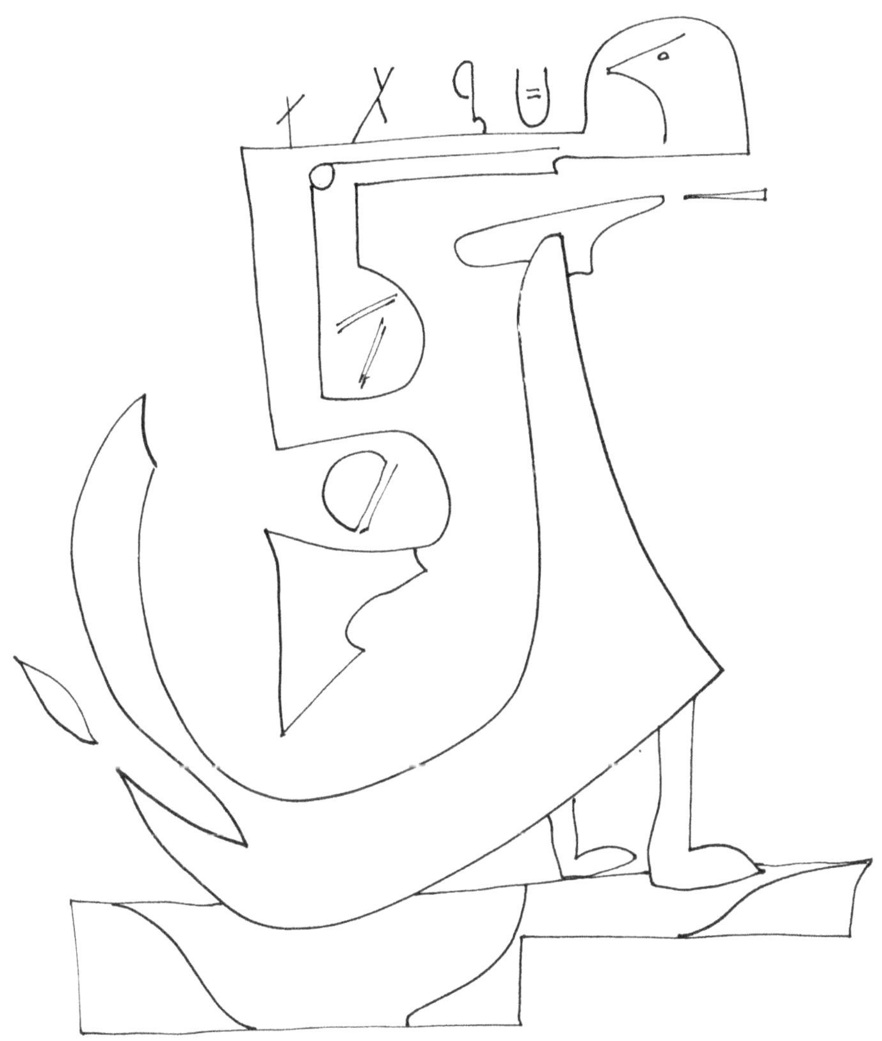

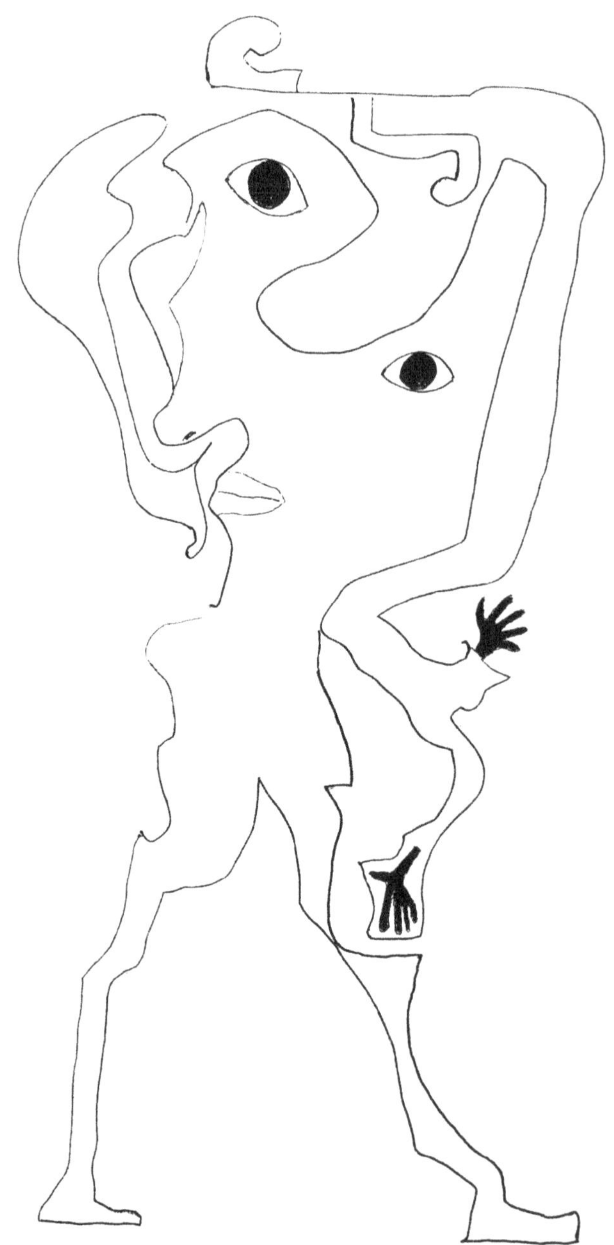

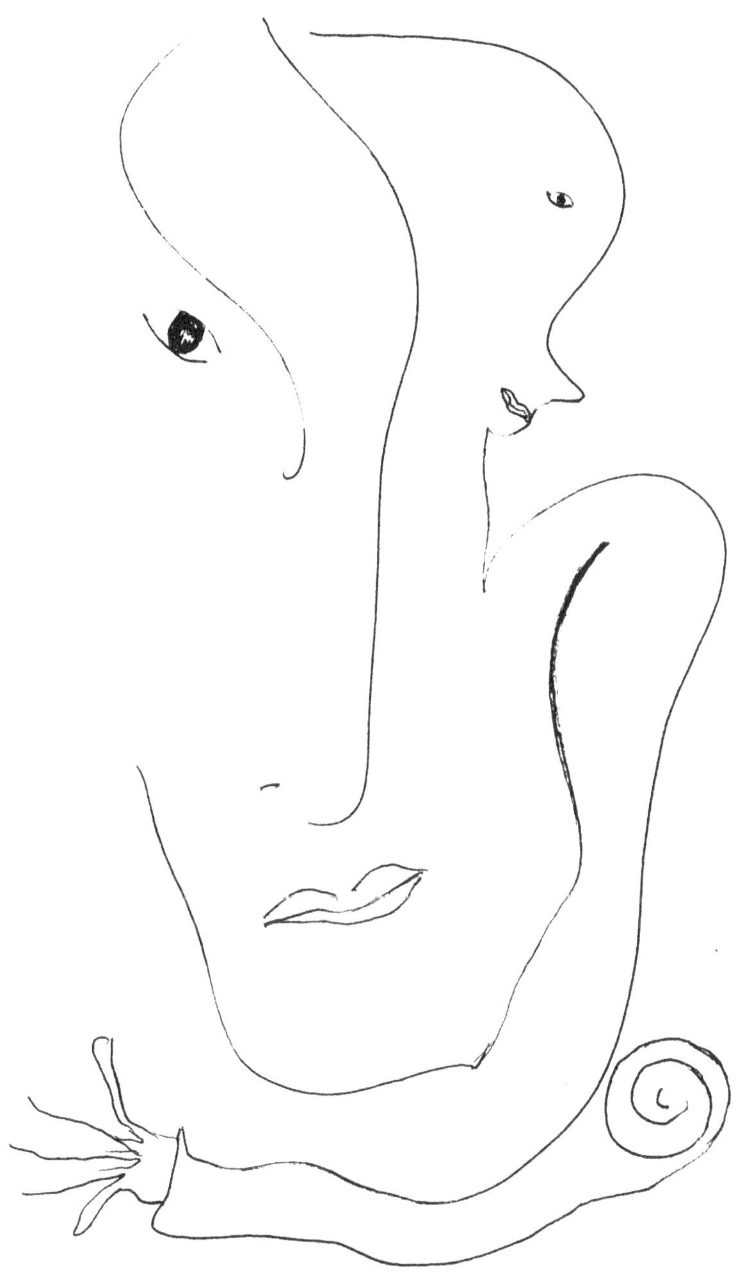

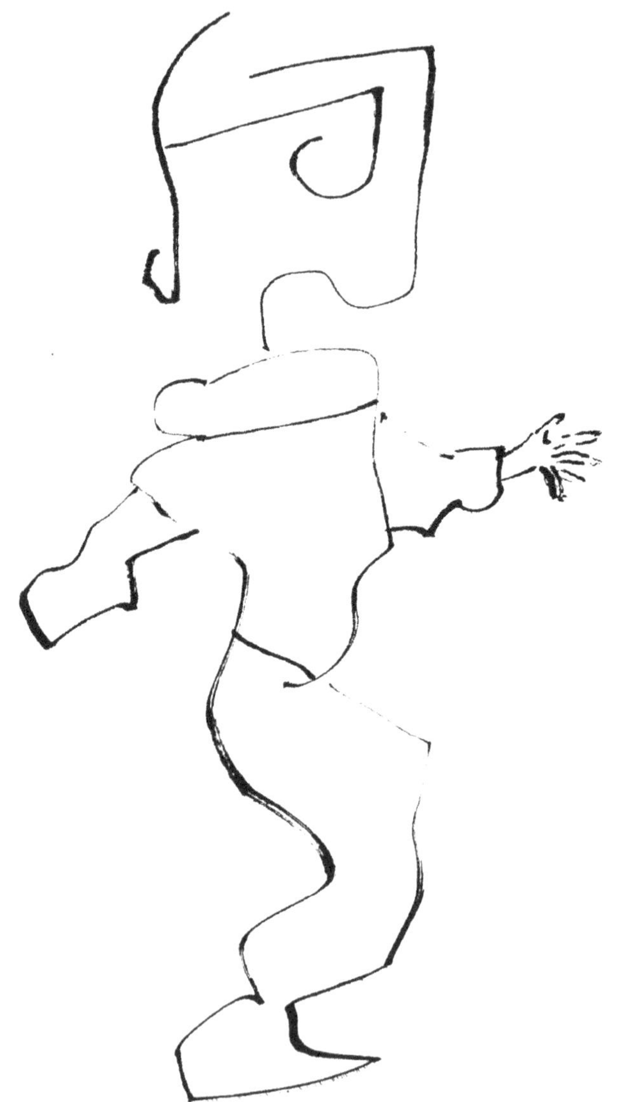

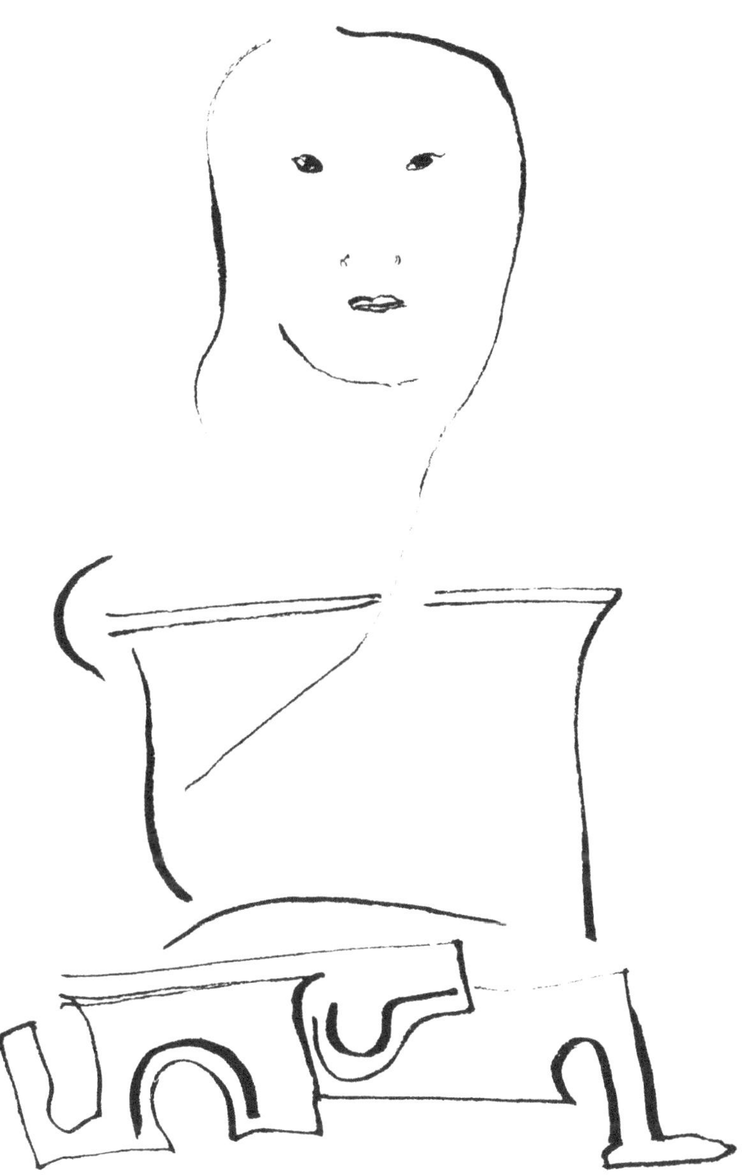

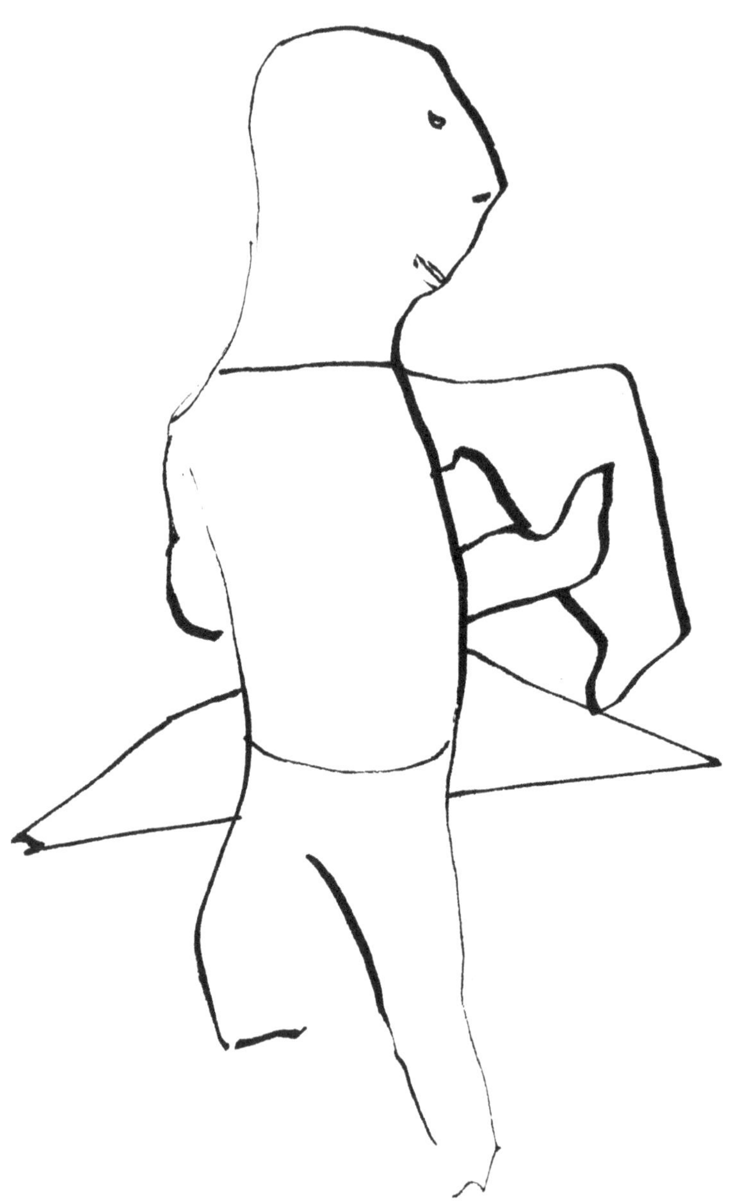

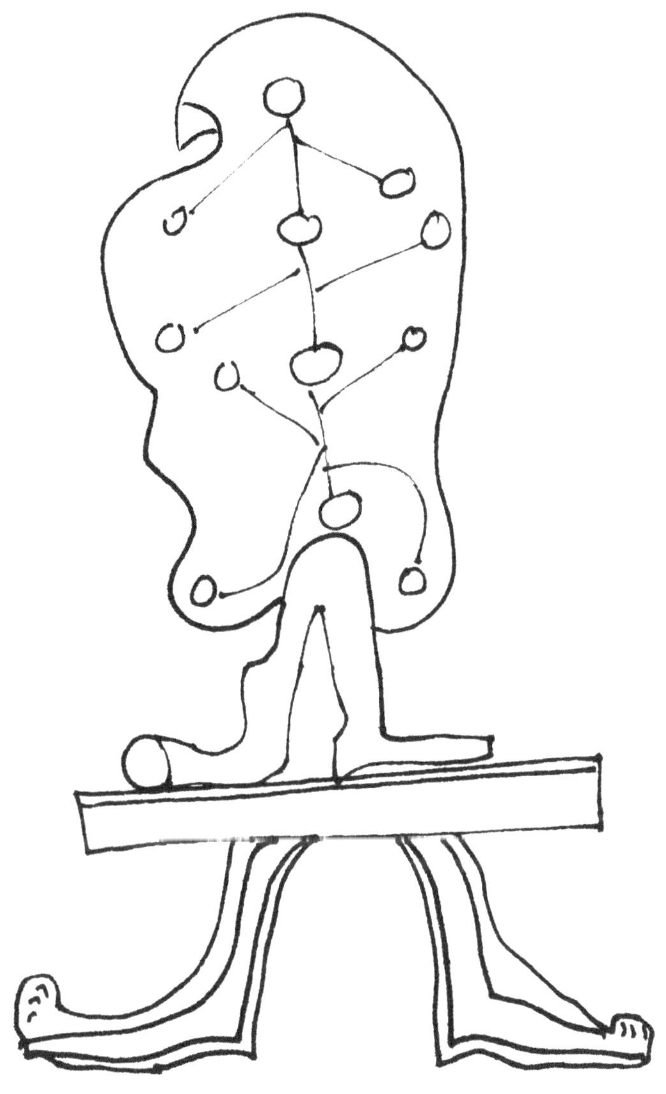

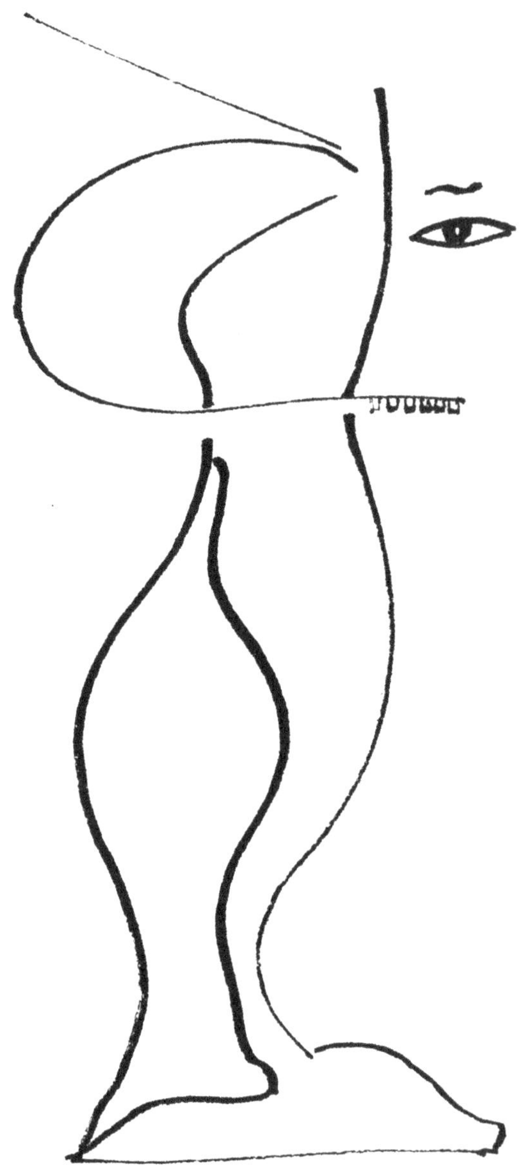

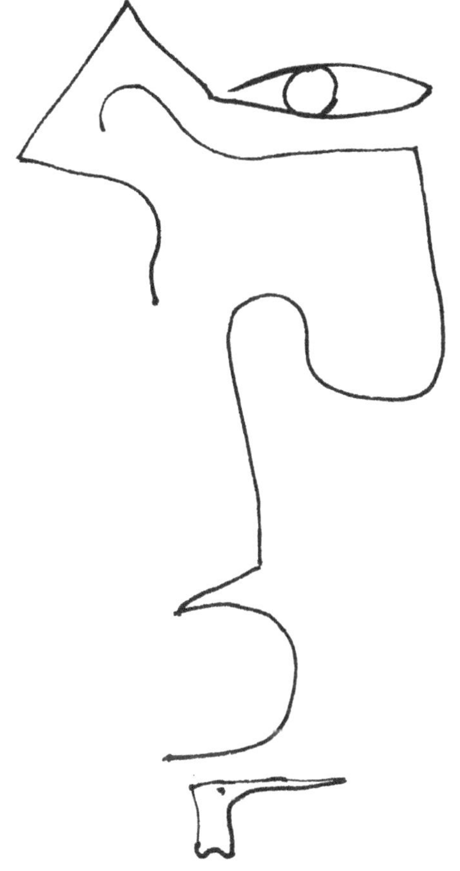

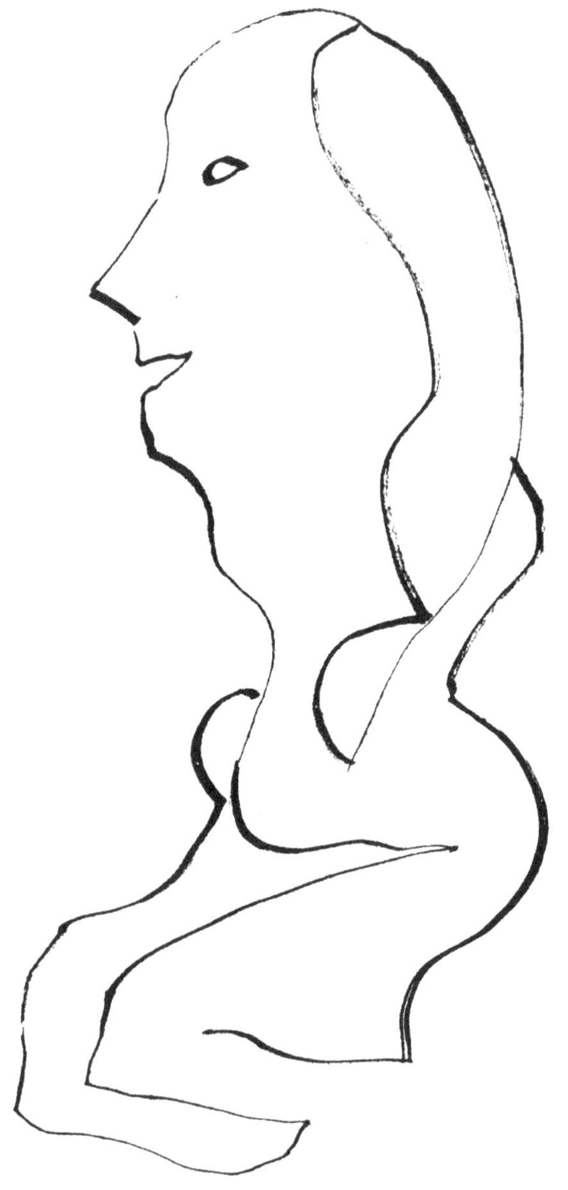

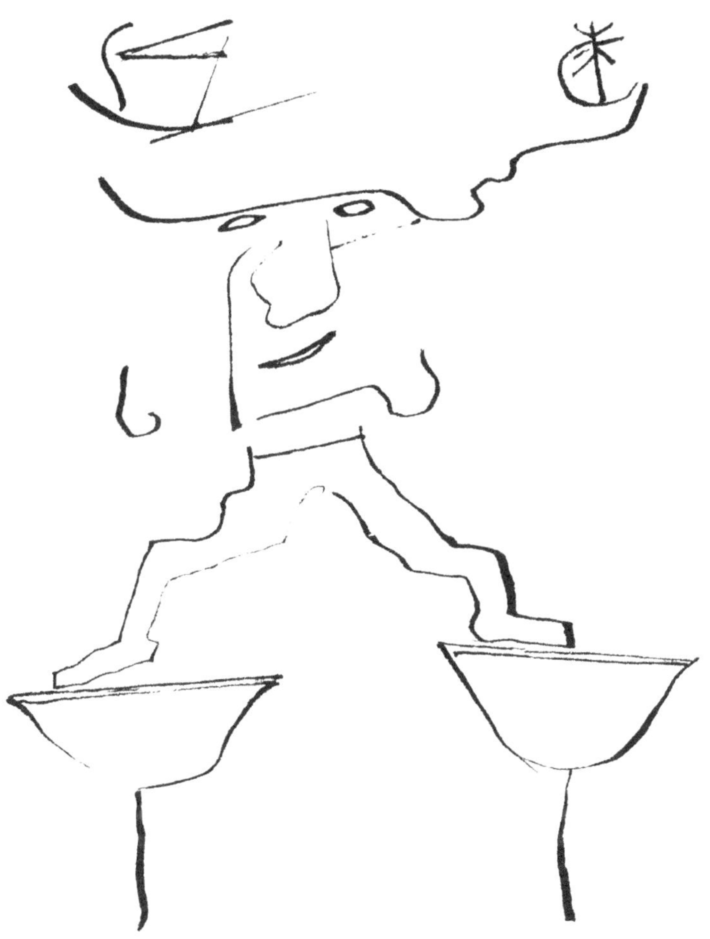

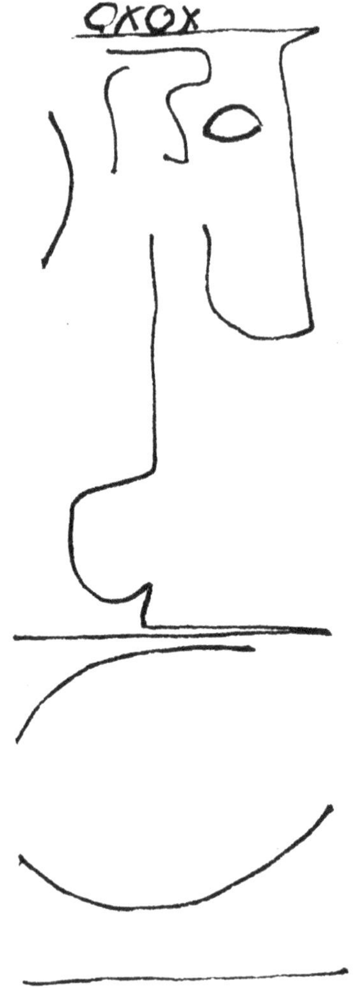
OXOX

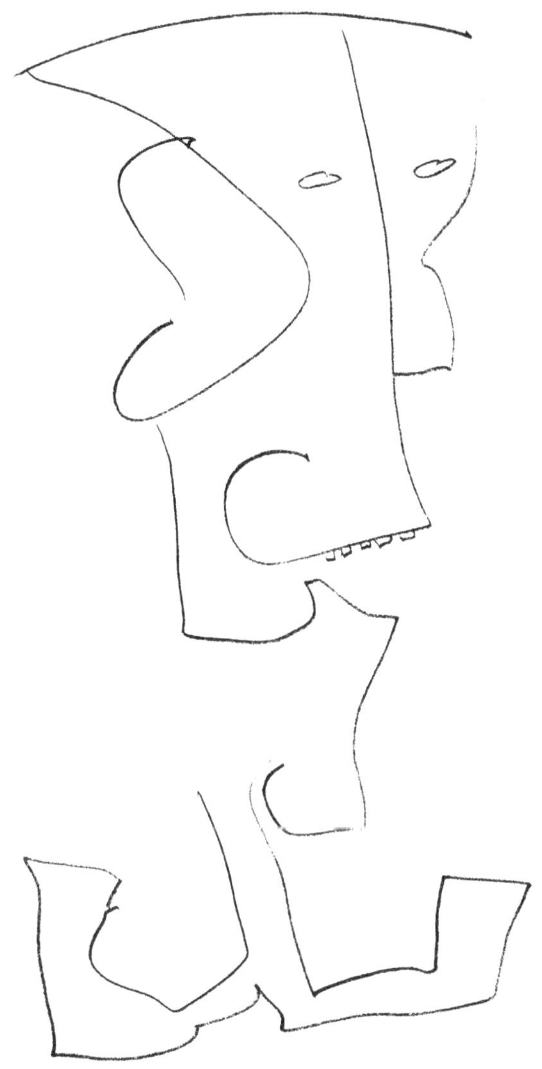

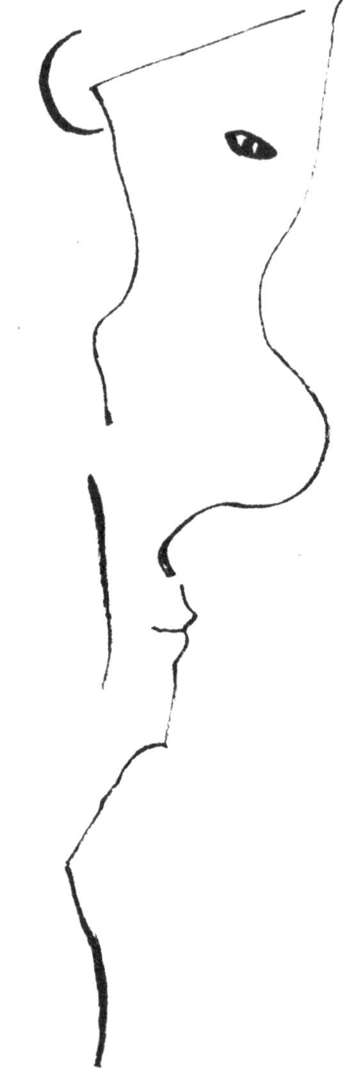

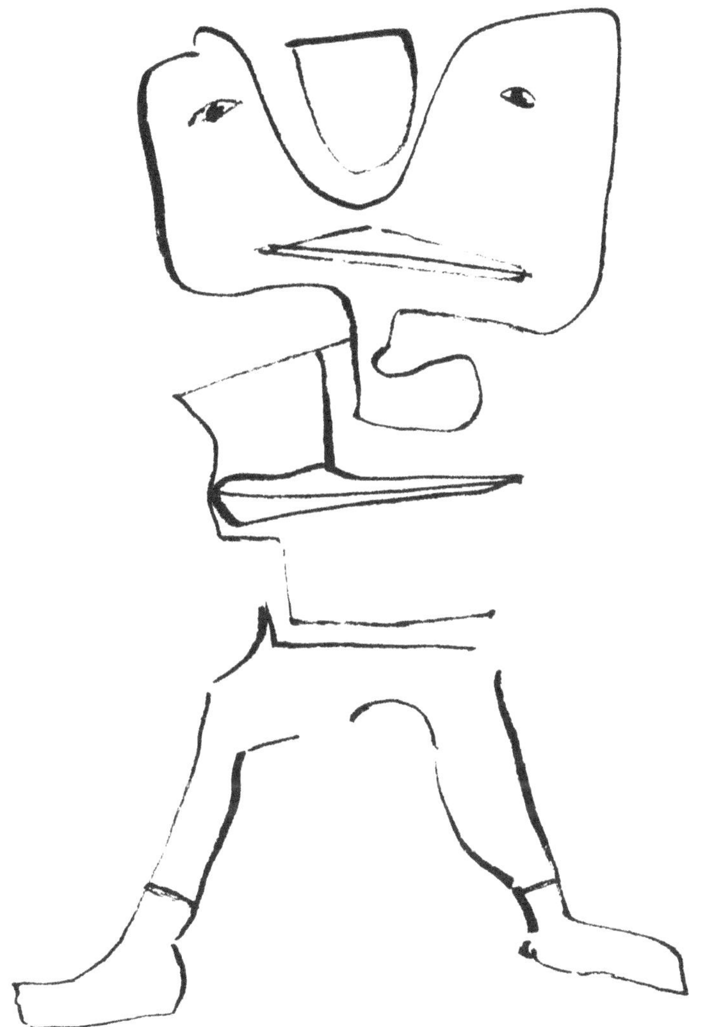

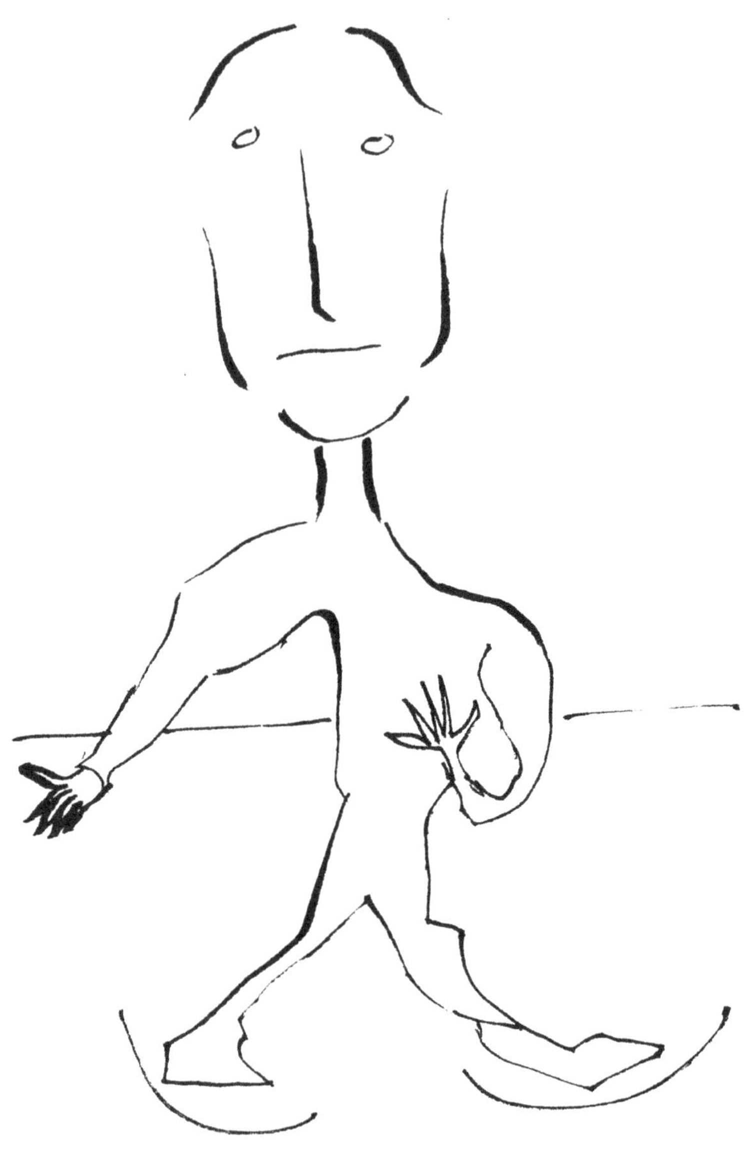

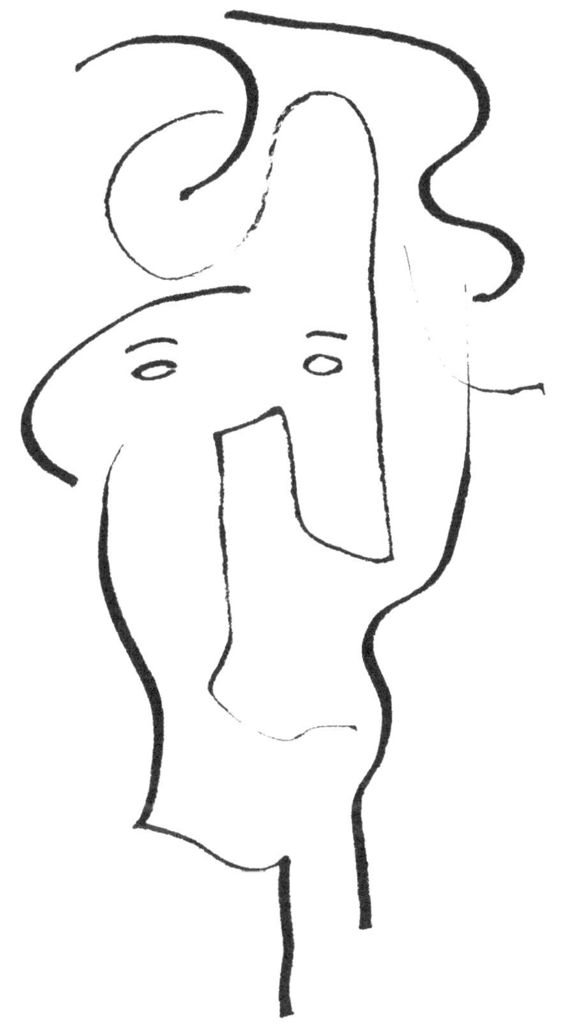

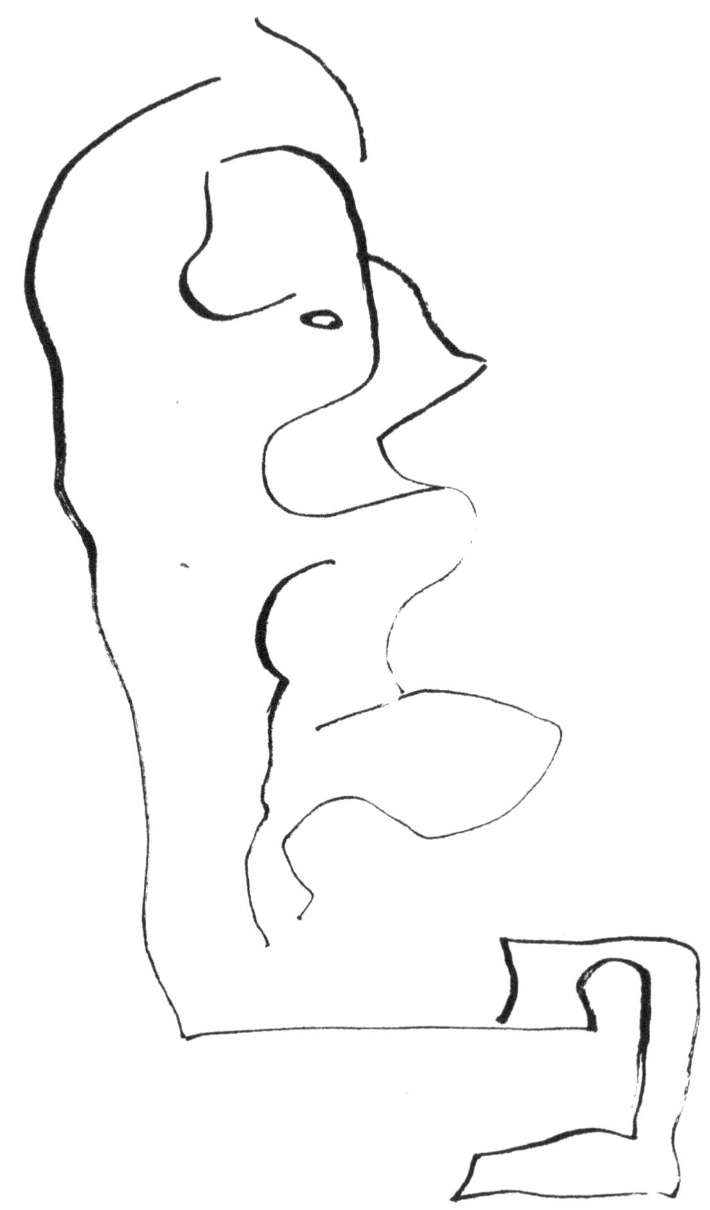

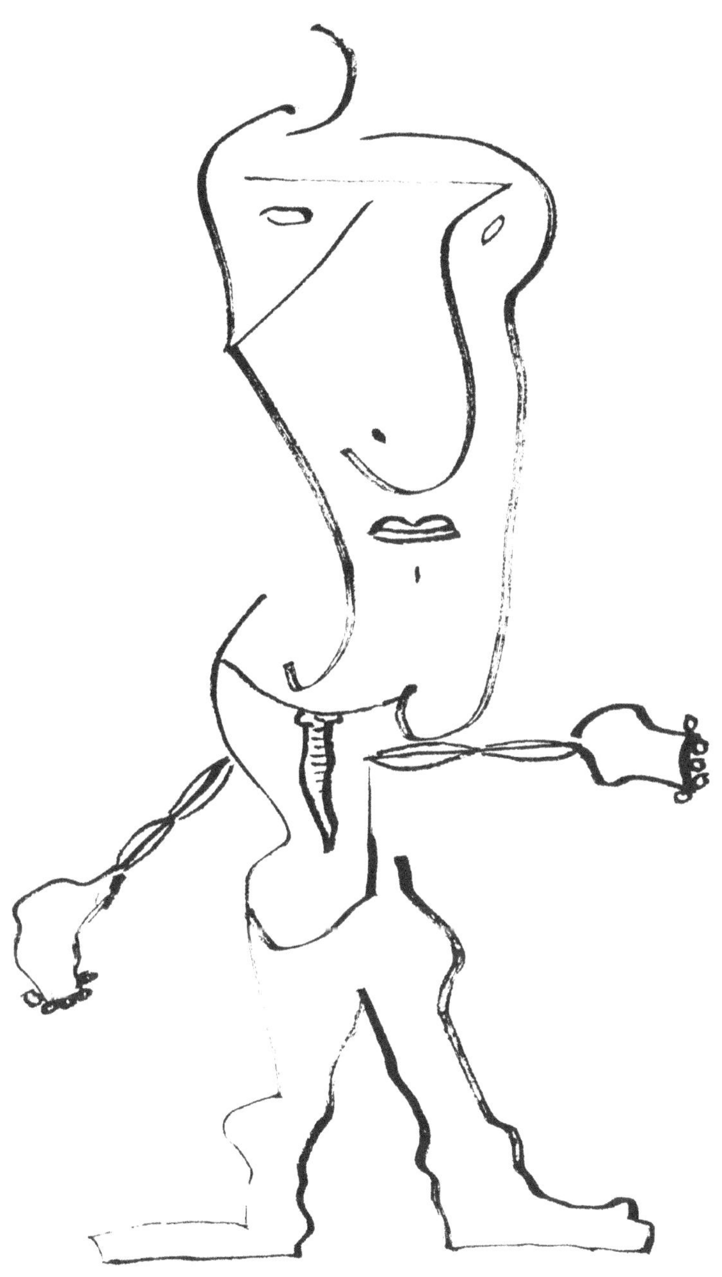

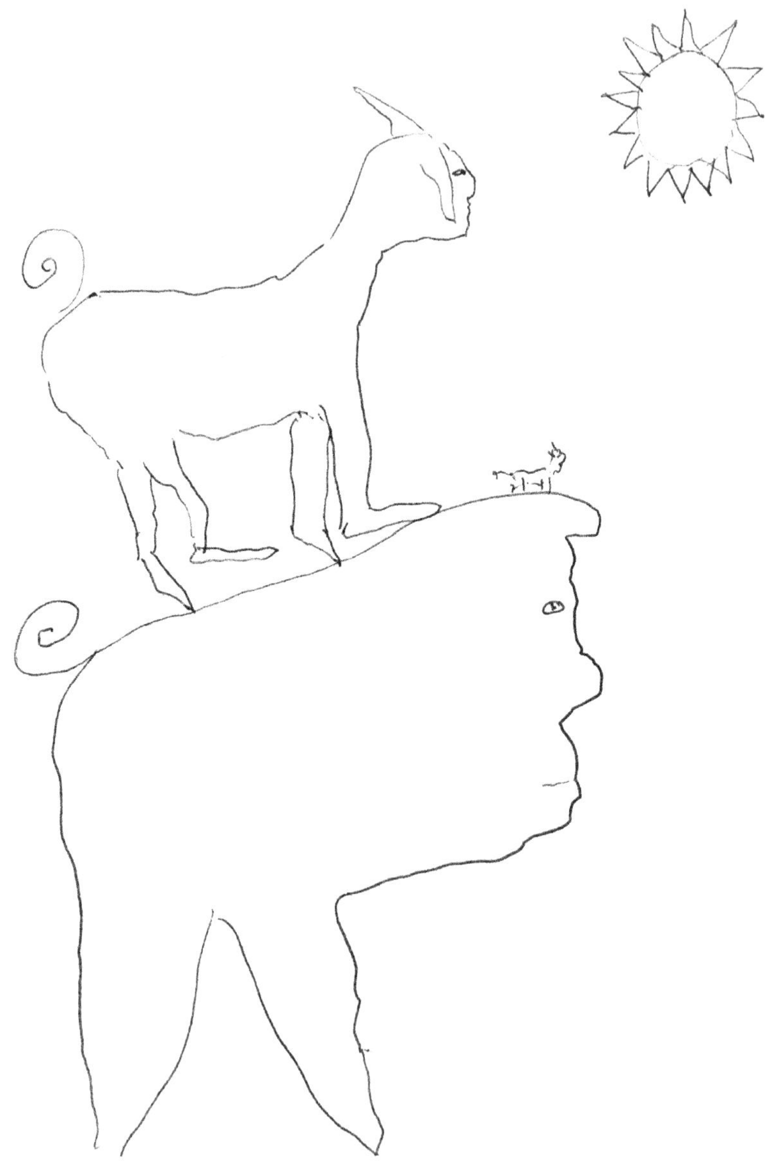

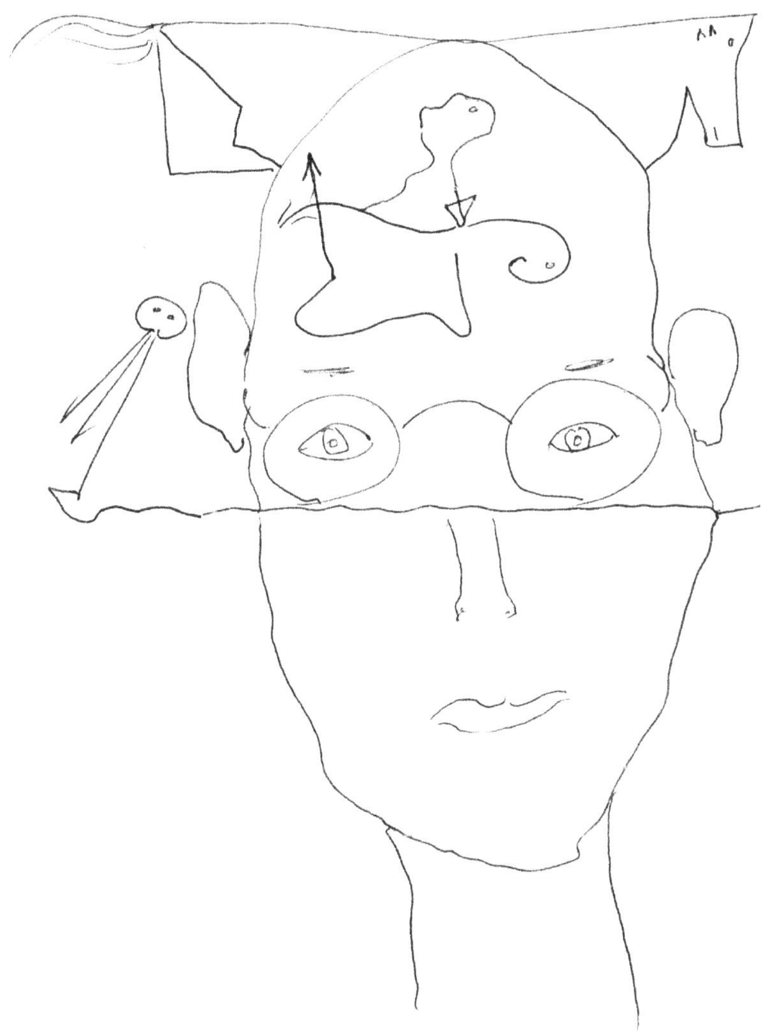

www.ingramcontent.com/pod-product-compliance
Lightning Source LLC
Chambersburg PA
CBHW052351030726
47602CB00017B/178/J